济南市规划设计研究院与山东省住房城乡建设科技计划项目"我国大城市保障性租赁住房发展现状、问题与对策研究"(2022-R1-1);山东省住房城乡建设科技计划项目"高效紧凑的城市设计方法研究"(2021-K2-8)联合资助

国内大城市
保障性租赁住房发展模式研究

段泽坤　尹新　周东　卞鹏　著

东南大学出版社
SOUTHEAST UNIVERSITY PRESS
·南京·

图书在版编目(CIP)数据

国内大城市保障性租赁住房发展模式研究 / 段泽坤等著. — 南京：东南大学出版社，2023.7
ISBN 978-7-5766-0804-5

Ⅰ.①国… Ⅱ.①段… Ⅲ.①大城市-租房-保障性住房-发展模式-研究-中国 Ⅳ.①F299.233.1

中国国家版本馆 CIP 数据核字(2023)第 125467 号

责任编辑：贺玮玮　责任校对：子雪莲　封面设计：毕真　责任印制：周荣虎

国内大城市保障性租赁住房发展模式研究

著　　者	段泽坤　尹新　周东　卞鹏
出版发行	东南大学出版社
社　　址	南京市四牌楼2号　邮编：210096
出版人	白云飞
网　　址	http://www.seupress.com
经　　销	全国各地新华书店
印　　刷	江苏凤凰数码印务有限公司
开　　本	850 mm×1168 mm　1/32
印　　张	7.75
字　　数	185 千字
版　　次	2023 年 7 月第 1 版
印　　次	2023 年 7 月第 1 次印刷
书　　号	ISBN 978-7-5766-0804-5
定　　价	49.00 元

本社图书若有印装质量问题，请直接与营销部调换。电话(传真)：025-83791830

前　言

住房问题关系民生福祉。保障性租赁住房是我国在新形势下进行的又一次住房制度创新,是解决由于不满足中等收入家庭条件而不能申请公共住房,但又无力负担住房压力的特殊群体(尤其是新市民和青年人)住房问题的主要途径,也是解决大城市住房结构性问题的着力点,更是优化房地产租住供需平衡,促进房地产健康、平稳发展的重要途径。因此,我国住房制度体系的改革优化与租赁住房市场的比重增大势在必行。

我国目前正加快建立以公租房、保障性租赁住房和共有产权住房为主体的住房保障体系,其中保障性租赁住房是此体系中的重要组成部分。2021年7月2日,国务院办公厅发布了《国务院办公厅关于加快发展保障性租赁住房的意见》(简称《意见》),《意见》明确保障性租赁住房的基础制度和支持政策,标志着保障性租赁住房正式纳入国家住房保障体系,也为未来我国保障性租赁住房市场发展提供了重要的依据。基于此,本书通过研究北京市、上海市、深圳市、南京市和济南市的保障性租赁住房的发展历程与政策演变,列举了详细的案例项目,分析了保障性租赁住房发展的成效与评价,初步构建了住房租赁市场综合评价指标满意度模型,进行了一定的思考和总结。

本书是团队共同努力的结果,牵头单位为济南市规划设计研究院,参加撰写的团队成员包括山东建筑大学和济南市保障性住房服务中心的研究人员、老师、硕士生和本科生共9人。除著作者外,直接参与撰写的还有山东建筑大学的马一诺、姜雯霞、李雯、马司琪、王培行。全书内容共包括8章,各章作者如下:

第一章　导论(尹新、姜雯霞)
第二章　北京市保障性租赁住房发展模式(周东、李雯、段泽坤)
第三章　上海市保障性租赁住房发展模式(马司琪、尹新、马一诺)
第四章　深圳市保障性租赁住房发展模式(姜雯霞、周东、段泽坤)
第五章　南京市保障性租赁住房发展模式(马一诺、尹新、马司琪)
第六章　济南市保障性租赁住房发展模式(李雯、段泽坤、周东)
第七章　住房租赁满意度模型构建(王培行、尹新)
第八章　总结与启示(段泽坤、尹新、卞鹏)

目 录

第一章 导论

1.1 背景 ·· 3
1.2 我国保障性租赁住房发展历史脉络 ····························· 4
1.3 相关文献综述 ·· 9
1.4 研究对象 ··· 11
1.5 研究框架 ··· 11

第二章 北京市保障性租赁住房发展模式

2.1 北京市概况 ··· 17
2.2 北京市住房政策发展沿革 ······································ 19
2.3 北京市住房发展建设概况 ······································ 23
2.4 北京市租赁住区规划设计案例 ································ 28

第三章 上海市保障性租赁住房发展模式

3.1 上海市概况 ··· 37
3.2 上海市租赁住房规划纲要及相关政策的发展沿革 ··· 39

3.3 上海市租赁住房发展建设概况 ………………………… 53
3.4 上海市租赁住房设计案例分析 ………………………… 62
3.5 上海市人才租赁住房政策实施成效及发展现状分析 … 69
3.6 上海市租赁住房政策对我国大城市租赁住房发展
    的启示 …………………………………………………… 77

第四章 深圳市保障性租赁住房发展模式

4.1 深圳市概况 ……………………………………………… 83
4.2 深圳市住房政策的历史演变 …………………………… 87
4.3 深圳市住房发展建设概况 ……………………………… 94
4.4 深圳市租赁住房发展"十四五"规划 ………………… 102
4.5 深圳市租赁住房政策实施成效与评价 ………………… 106
4.6 深圳市租赁住房设计案例 ……………………………… 112
4.7 深圳市租赁住房政策对我国大城市租赁住房
    发展的启示 ……………………………………………… 121

第五章 南京市保障性租赁住房发展模式

5.1 南京市概况 ……………………………………………… 129
5.2 南京市住房发展建设概况 ……………………………… 131
5.3 南京市保障性租赁住房相关政策 ……………………… 145
5.4 南京市保障性租赁住房空间布局特征 ………………… 158
5.5 南京市保障性租赁住房设计案例 ……………………… 165
5.6 南京市保障性租赁住房政策对我国大城市租赁
    住房发展的启示 ………………………………………… 173

第六章 济南市保障性租赁住房发展模式

6.1 济南市概况 …………………………………… 181

6.2 济南市保障性租赁住房历史沿革与现状问题 ……… 182

6.3 济南市全域保障性租赁住房规划情况 …………… 190

6.4 保障性租赁住房实施保障机制 …………………… 196

第七章 住房租赁满意度模型构建

7.1 建立满意度模型 ………………………………… 201

7.2 住房租赁市场综合评价指标体系的构建 ………… 210

7.3 综合得分分析 …………………………………… 227

第八章 总结与启示

8.1 研究总结 ………………………………………… 233

8.2 发展策略 ………………………………………… 234

第一章

导 论

1.1 背景

住房问题关系民生福祉。就目前我国住房情况来看,城镇户籍家庭住房状况总体较好,但大城市内新市民、青年人"买不起房、租不好房"的问题仍旧突出,存在居住品质和环境较差、住房区位与工作地点不匹配、交通不便、公共服务设施配套欠缺等问题,影响与限制了新市民和青年人群的创新、创业发展。因此,我国住房制度体系的改革优化与租赁住房市场比重增大势在必行。

保障性租赁住房是我国在新形势下进行的又一次住房制度创新,是解决由于不符合中等收入家庭标准而不能申请公共住房,但又无力购买共有产权房或商品房的特殊群体(尤其是新市民和青年人)的住房问题的主要途径;同时是解决大城市住房结构性问题的着力点,更是优化房地产租住供需平衡,促进房地产健康、平稳发展的重要途径。

我国目前正加快建立以公租房、保障性租赁住房和共有产权住房为主体的住房保障体系,其中保障性租赁住房为此体系中的重要组成部分。当前,北京、上海、天津、广州、深圳、武汉等多个城市都制定了有关保障性租赁住房的实施办法,对当地的保障性租赁住房进行了规范,制定了相应的政策,促进了保障性租赁住房的供应。"十四五"时期,住房保障供应将继续增加。

在政策支持方面,2021年7月2日,国务院办公厅发布了《国务院办公厅关于加快发展保障性租赁住房的意见》(以下简称《意见》)。《意见》明确保障性租赁住房的基础制度和支持政策,标志着保障性租赁住房正式纳入国家住房保障体系,也为未来我国保障性租赁住房市场发展提供了重要的依据[1]。《意见》要求各大城市科学开展保障性租赁住房工作,重点做好完善体系、制定计划、加强监管等工作。2021年11月16日,山东省人民政府办公厅正式发布《山东省人民政府办公厅关于加快发展保障性租赁住房的实施意见》,明确在"十四五"期间,山东省各市要将发展保障性租赁住房作为"十四五"时期住房建设的重点工作[2]。济南市作为人口净流入的大城市,借助"国家完善住房保障体系试点城市"和"中央财政支持住房租赁市场发展试点城市"的契机,加快推进和优化保障性租赁住房规划实施和落地。

  整体来说,我国的保障性租赁住房虽然发展速度较快,但起步较晚,还未能有大量而又全面、完整而又深入的发展系统。所以为了充分了解我国保障性租赁住房的发展,其对各城市住房市场产生的影响,以及其未来的发展方向,本书选择了国内具有代表性的5个国内大城市,即北京、上海、深圳、南京、济南,介绍其保障性租赁住房发展的历史演变、政策变迁、建设概况以及所取得的实施成效,并选择了具体案例进行分析,对我国大城市的保障性租赁住房发展进行总结,以期为我国未来整体保障性租赁住房发展规划提供借鉴与启示。

1.2　我国保障性租赁住房发展历史脉络

  多年来,房地产行业是我国经济市场的一个重要支柱,虽然,房价曾一度水涨船高,影响了人民群众的安居乐业,但中央始终坚持"房住不炒",更为解决民生问题推出了多项重要政策。保障性租赁住房的发展,正是我国新形势下住房制度改革的又一新探索,是解决大城市住房结构性问题的着力点,更是优化房地产租住供需平衡、促进房地产健康稳定发展的有效手段。总体来说,我国的住房发展可分为多个阶段。

1.2.1　1949—1978 年:住房分配阶段

新中国成立初期,国家百废待兴,社会上面临严重的住房紧缺问题。为解决住房紧缺问题,一方面国家通过没收、接收原国民政府及部分资本家旧势力的房产(如 1951 年初,政务院发布《关于没收战犯、汉奸、官僚资本家及反革命分子财产的指示》),统筹利用现有住房资源,满足人民最基本的住房需求;另一方面国家采取公私合营、赎买等一系列创新举措,对私有住房进行社会主义改造,形成以国家为主导的公有房,逐步建立社会主义住房制度。1956 年,中央成立城市服务部,内设城市房产管理局,统一管理所有共有房产,并通过各城市房管部门承担住房的筹建、分配、维护等。

在这一时期,社会上的住房绝大部分为公有房,由有关单位(如城市房产管理局)进行统一分配管理。为巩固社会主义制度,国家采取了一种几乎完全福利性的住房体制,城镇居民只需支付少量的租房费用,住房分配基本根据家庭结构、收入状况等因素进行,在政府国企与事业单位内部,公职人员基本能够享受所在单位福利性分房。1962 年,在第一次全国城市工作会议上,中共中央、国务院正式确立了"统一管理,统一分配,以租养房"的方针。

因此,在这一阶段中,住房完全由国家统筹规划安排。

1.2.2　1978—2015 年:商品房发展阶段

1978 年,改革开放的总设计师邓小平拉开了住宅商品化的序幕,提出了关于房改的问题,其重要讲话内容于同年 9 月在中央召开的城市住宅建设会议上进行了传达,并首先在相对发达的城市实施。

1980 年 4 月住房制度改革被正式提出,这是住房往商品化发展的开始,从个别试点的住宅商品化到全国范围内正式实施经历了一年的时间。到 1988 年,住房制度改革正式全面试点,土地禁锢完全放开。同年 2 月,国家批准印发了《国务院住房制度改革领导小组关于在全国城镇分期分批推行住房制度改革的实施方案》,标志着我国住房制度改革进入全面试点阶段,也掀起了国内第一轮的房改热潮,城市综合开发迎来了历史性机遇。

2004 年,国家出台《经济适用住房管理办法》,规定了经济适用住房价格确定的原则,以促进中低收入家庭购买住房。2007 年底,国家相继出台了《廉租住房保障办法》与《经济适用房管理办法》,再次明确要以货币补贴、实物配租及政府指导价等方式,解决城市低收入困难群体的住房问题。

随着相关政策的实施与商品房产业发展,我国已经逐步完成住房商品化的转轨。住房已经从最初的国家福利体系中基本剥离。除了部分政府廉租房与经济适用房外,中国的住房实现市场化。在此阶段,国家也将人们过去租住的公房转变为商品房卖给其租住者,使非商品房变成了商品房。

1.2.3 2015—2020 年:开展租赁住房市场试点探索

实际上,我国对于租赁住房确切定义的阐述比较晚。通过对历史政策的梳理不难看出,我国的租赁住房的具体构思出现于 2015 年,并于 2017 年初具雏形;同时,在不同的时代,也根据市场的需要,不断地推进不同层次的住房保障制度。

2015 年 12 月,中央经济工作会议提出推进以"满足新市民"为出发点的住房制度改革,以建立"购租并举"的住房制度为主要方向,把公租房扩大到非户籍人口,进一步打通供需通道,稳定房地产市场,这是租赁性保障房向外来人口开放的开始。至此,我国进入大力发展保障性住房阶段,住房保障制度建设思路由"居者有其屋"向"住有所居"转变。

2016年3月颁布的"十三五"规划中提出,为解决城镇新居民住房困难,我国开始建立租购并举的住房制度,积极发展住房租赁市场。同年6月,国务院办公厅印发了《国务院办公厅关于加快培育和发展住房租赁市场的若干意见》[3],其中明确提出构建租购并举的住房制度。随后几年,中央部委及地方各级政府从细化政策、供给端和需求端展开了一系列探索,推动政策目标落地。2016年底,中央经济工作会议再次要求,加快住房租赁市场立法,加快机构化、规模化租赁企业发展。

当前人口净流入的大中城市住房租赁市场需求旺盛、发展潜力大,但租赁房源总量不足、市场秩序不规范、政策支持体系不完善,租赁住房解决城镇居民特别是新市民住房问题的作用没有充分发挥。为加快推进租赁住房建设,培育和发展住房租赁市场,2017年7月,住房和城乡建设部、国家发展和改革委员会等九部委在《关于在人口净流入的大中城市加快发展住房租赁市场的通知》[4]中提出,将采取多种措施加快推进租赁住房建设,培育和发展租赁住房市场;选取了12个城市,包括广州、深圳、南京、杭州、厦门、武汉、成都、沈阳、合肥、郑州、佛山、肇庆作为首批开展住房租赁试点的单位,鼓励各地通过新增用地建设租赁住房,多渠道增加新建租赁住房供应。这即是我国租赁住房的雏形;同时加快推进租赁住房建设、培育和发展住房租赁市场,贯彻落实了"房子是用来住的、不是用来炒的"这一定位。

1.2.4　2020年至今:保障性租赁住房概念提出并大力发展

我国正处于加快建立以公租房、保障性租赁住房和共有产权住房为主体的住房保障体系阶段。保障性租赁住房在保障房体系中的属性和地位不断被强化。

2020年召开的中央经济工作会议将"解决好大城市的住房问题"和"解决好青年的住房问题"列为两个重大主题讨论，正式提出要大力推进保障性租赁住房的建设，并明确指出，要把土地供给转向租赁住房。目前，保障性租赁住房已经成为我国住房保障体系中不可或缺的重要部分。

2020年10月29日，中国共产党第十九届全国中央委员会第五次全体会议通过了《中共中央关于制定国民经济和社会发展第十四个五年规划和二〇三五年远景目标的建议》，其中明确提出要"扩大保障性租赁住房供应"，因此要健全住房市场和保障体系，切实提高保障性住房供应，健全住房保障制度和配套政策，以人口多、房价高的城市为重点，大力发展经济适用房，以解决新居民和困难人群的住房问题。

同年12月召开的全国住房和城乡建设工作会议中提出，2021年要大力发展租赁住房，整顿租赁市场秩序，解决好大城市住房突出问题；加强住房市场体系和住房保障体系建设，加快补齐租赁住房短板，解决好新市民、青年人特别是从事基本公共服务人员等住房困难群体的住房问题。

2021年4月召开的中共中央政治局会议中，再次重申坚持"房子是用来住的、不是用来炒的"的定位，增加保障性租赁住房和共有产权住房供给，防止以学区房等名义炒作房价。同年5月，住建部分别在沈阳、广州召开发展保障性租赁住房工作座谈会，北京、上海、广州、深圳等40个城市参会，明确提出这40个城市将大力发展保障性租赁住房。同年6月召开的国务院常务会议中，李克强总理指出"大力发展保障性租赁住房是完善住房保障体系的重要举措"

"加快发展保障性租赁住房,将有力支撑城镇化进程健康发展"。同年7月,国务院办公厅发布了《国务院办公厅关于加快发展保障性租赁住房的意见》,明确提出要在全国范围内建立以公租房、保障性租赁住房、共有产权住房为主体的住房保障体系,这是第一次在全国范围内明确了住房保障制度的顶层设计,也是第一次从国家层面上对我国的住房保障体系进行了顶层设计,并对保障性租赁住房的基本制度和配套配套措施进行了界定,正式形成了公租房—保障性租赁住房—共有产权住房的新时代住房保障体系。同年12月的中央经济工作会议又一次强调要探索新的发展模式,坚持租购并举,加快发展长租房市场,推进保障性住房建设。

在2022年1月召开的《"十四五"公共服务规划》新闻发布会上,国家发改委相关负责人透露,在"十四五"期间,将进一步加大金融、土地、公共服务等改革支持力度,保障性租赁住房的供应将会进一步增加,40个重点城市初步计划新增650万套(间),预计可帮助1300万新市民、青年人等缓解住房困难。在保障性住房体系中,保障性租赁住房的独立性得到了进一步确认,并已成为目前的重点工作。

从我国多措并举加快发展保障性租赁住房的举动不难看出,保障性租赁住房在我国住房保障体系中的属性和地位不断被强化,同时保障住房体系也在不断完善。它不仅解决了城市新青年的住房困难问题,同时也缓解了住房租赁市场结构性供给不足的现象,促进了房地产市场平稳健康发展,未来我国也将坚定不移多方位、多角度、多层次地发展保障性租赁住房。

1.3 相关文献综述

我国保障性租赁住房虽处于飞速发展的阶段,但其高质量发展仍面临着许多挑战，不仅需要扩大供给数量，也需要加快制定我国保障性租赁住房高质量发展的对策，进行多层次、多方位、多角度发展，解决新市民、青年人的住房问题。

首先，我国保障性租赁住房与其他国家存在一定的差距，田莉等[5]通过对15个国际大都市选取衡量社会经济发展和租赁住房发展的关键性指标进行聚类分析，研究大城市租赁住房发展模式的特点，并从聚类指标和住房政策发展视角对其发展模式进行总结，提出要积极推动我国建立"租购并举"住房制度。同时田莉等[6]指出我国保障性租赁住房供应面临的三大挑战，在借鉴国际经验的基础上提出了"三个转型"的租赁住房发展思路。

在保障性租赁住房面临的困境与挑战方面，王建红等[7]通过对我国保障性租赁住房特点的概括，分析了其面临的两大挑战，同时提出了明确覆盖对象的申请资格、更多政策向市场化供应主体倾斜和优化市场化主体投资保障性租赁住房项目决策模型三个方面的建议。邵挺[8]在分析中国住房租赁市场现状的基础上，指出了租赁房源供给与需求不匹配、机构化发展不充分、市场秩序混乱、立法滞缓等方面困境，最后提出建立并完善相关配套制度和政策的建议。

以我国具体的城市分析来看，卢漩等[9]以杭州市为例，分析了保障性租赁住房租赁需求情况，明确了发展保障性租赁住房的主要举措以及所面临的主要困难，探索搭建三种机制和四项配套的发展模式。熊广量等[10]以成都简州新城为例，对城市新区保障性住房的人群需求进行分析，对保障性租赁住房规划建设路径进行探索。冯文心等[11]则是以上海为调研中心，从青年人群的诉求出发，探索改善保障性租赁住房的设计，寻求现实语境下"低层高密度"住房设计形态。

在未来的发展方向上，任荣荣等[12]通过对保障性租赁住房的供应主体的区域分布特点、人口结构特征以及居住特点进行定量分析,结合部分地区发展保障性租赁住房的探索经验,提出我国保障性租赁住房的发展思路。李振宇等[13]则认为对于保障性租赁住房未来的发展道路的重点,不应只关注住房供给数量,同时也应注意保障性租赁住房内在的效率(建设效率、分配效率、使用效率),通过对保障性租赁住房政策解析,提出了四条设计发展导向。

1.4 研究对象

为确保研究的完整性、可信度,本书选择了我国5个不同省市的大城市,包括北京、上海、深圳、南京、济南作为案例进行研究。这些大城市虽然地理位置不同,在政策的推广实施上也存在差别,但都是我国的省会中心城市,且经济发展较快,综合实力较强,人口密度尤其是流动人口密度较高,住房情况较为紧张。本书是通过对我国具有典型性的热点大城市的保障性租赁住房发展进行研究得到的总结与启示,对我国未来的保障性租赁住房发展具有重要借鉴意义。

1.5 研究框架

本书共由8个章节组成,第一章为研究背景和发展历史脉络的总体介绍;第二章到第六章介绍了5个国内大城市保障性租赁住房的发展历程与政策演变,以及列举了详细的案例项目,分析了保障性租赁住房发展的成效与评价;第七章通过对国内大城市的保障性租赁住房发展的了解,建立满意度模型,构建住房租赁市场综合评价指标体系;第八章对我国保障性租赁住房的发展进行总结,同时提出未来的发展策略(图1-1)。

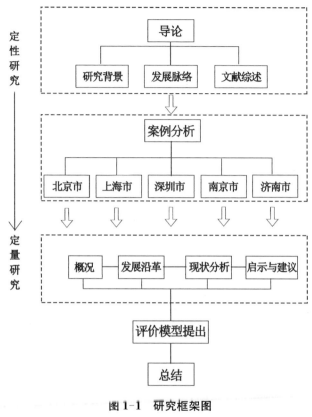

图 1-1 研究框架图

图片来源：作者自绘

参考文献

[1] 中华人民共和国国务院办公厅. 国务院办公厅关于加快发展保障性租赁住房的意见：国办发〔2021〕22 号[EB/OL]. (2021-07-02)[2022-09-28]. http://www.gov.cn/zhengce/content/2021-07/02/content_5622027.htm.

[2] 山东省人民政府办公厅. 山东省人民政府办公厅关于加快发展保障性租赁

住房的实施意见:鲁政办发〔2021〕17 号[EB/OL]. (2021-11-16)[2022-09-28]. http://www.shandong.gov.cn/art/2021/11/16/art_107851_115299.html.

[3] 中华人民共和国国务院办公厅.国务院办公厅关于加快培育和发展住房租赁市场的若干意见:国办发〔2016〕39 号[EB/OL]. (2016-06-03)[2022-09-28]. http://www.gov.cn/zhengce/content/2016-06/03/content_5079330.htm.

[4] 中华人民共和国住房和城乡建设部.关于在人口净流入的大中城市加快发展住房租赁市场的通知:建房〔2017〕153 号[EB/OL]. (2017-07-20)[2022-09-28]. https://www.mohurd.gov.cn/gongkai/zhengce/zhengcefilelib/201707/20170720_232676.html.

[5] 田莉,夏菁.国际大都市租赁住房发展的模式与启示:基于15个国际大都市的分析[J].国际城市规划,2020,35(6):1-7.

[6] 田莉,夏菁.租赁住房供应与发展的国际模式比较及对我国的启示[J].建筑学报,2022(6):11-17.

[7] 王建红.保障性租赁住房:挑战与对策[J].中国房地产,2022(7):28-32.

[8] 邵挺.中国住房租赁市场发展困境与政策突破[J].国际城市规划,2020,35(6):16-22.

[9] 卢濲,郭振伟.构建保障性租赁住房发展新模式:杭州市发展保障性租赁住房工作探索[J].住宅产业,2022(8):45-49.

[10] 熊广量,文采.以人为核心的保障性租赁住房规划建设路径探索:以成都简州新城为例[J].住宅产业,2022(7):103-106.

[11] 冯文心,诸翰飞.基于青年人的需求探讨保障性租赁住房低层高密度空间形态的合理性:以上海为调研中心[J].建筑与文化,2022(7):22-24.8

[12] 任荣荣,贺志浩.保障性租赁住房发展思路:基于对新市民住房需求特点的研究[J].价格理论与实践,2022(11):37-42.

[13] 李振宇,徐诚皓,卢汀滢.社会保障住房的公共义务和设计思考[J].世界建筑,2022(7):4-11.

第二章

北京市保障性租赁住房发展模式

2.1 北京市概况

2.1.1 行政区位

北京市位于中国北部,华北平原北部,东与天津毗连,其余均与河北相邻,是世界著名古都和现代化国际城市。截至2020年,北京市共辖16个市辖区,分别是东城区、西城区、朝阳区、丰台区、石景山区、海淀区、顺义区、通州区、大兴区、房山区、门头沟区、昌平区、平谷区、密云区、怀柔区、延庆区。截至2021年末,北京市常住人口2188.6万人,比2020年末减少0.4万人①。其中,城镇人口1916.1万人,占常住人口的比重为87.5%;常住外来人口834.8万人,占常住人口的比重为38.1%,人口密度在国际上处于中等水平。

2.1.2 土地利用

北京市的城市规划用地分类遵照全层级、全要素、全流程的基本原则。全层级,即用地分类及标注类型适用于北京"三级三类"的国土空间规划体系,包括市、区、乡镇三级,总体规划、详细规划、相关专项规划三类。全要素,即统筹考虑生态及建设用地、地上及地下用地,以适应国土空间规划的相关要求。全流程,即统筹考虑国土调查、监测、统计、评价,国土空间规划、用途管制、耕地保护、生态修复,土地审批、供应、整治、执法、登记及信息化管理等工作的相关要求,以满足规划全流程的使用需求[1-2]。

---

① 数据来源于国家统计局. http://www.stats.gov.cn/

2.1.3 人口概况

《北京市2021年国民经济和社会发展统计公报》显示,2021年末全市常住人口2188.6万人,比上年末减少0.4万人。其中,城镇人口1916.1万人,占常住人口的比重为87.5%;常住外来人口834.8万人,占常住人口的比重为38.1%。常住人口出生率为6.35‰,死亡率为5.39‰,自然增长率为0.96‰。全年城镇新增就业26.9万人,比上年增加0.8万人。《北京市第七次全国人口普查公报(第三号)》显示,2020年末全市常住人口中,男性人口为11 195 390人,占51.1%;女性人口为10 697 705人,占48.9%。常住人口性别比(以女性为100,男性对女性的比例)为104.7,与2010年第六次全国人口普查相比下降2.1。常住人口年龄构成为:0~14岁人口2 591 507人,占11.9%;15~59岁人口为15 002 998人,占68.5%;60岁及以上人口为4 298 590人,占19.6%,其中65岁及以上人口为2 912 060人,占13.3%(表2-1)。

表2-1 全市常住人口年龄构成

年龄	人口数(人)	比重(%)	
		2020年	2010年
总计	21 893 095	100.0	100.0
0~14岁	2 591 507	11.9	8.6
15~59岁	15 002 998	68.5	78.9
60岁及以上	4 298 590	19.6	12.5
其中:65岁以上	2 912 060	13.3	8.7

表格来源:《北京市第七次全国人口普查公报(第三号)》
注:1. 本公报数据均为初步汇总数据。
2. 0~15岁人口为2 687 643人,16~59岁人口为14 906 862人。

2.2 北京市住房政策发展沿革

2.2.1 城镇住房制度改革试点

改革开放之前北京住房短缺的现象非常严重,随着全国城镇住房制度改革的进行,到 1998 年之前,北京市先后多次进行了住房实物分配的改革,主要是租金制度改革和公房出售两项改革试点,通过住房补贴出售、提租补贴和以租代售等措施,将公共住房以国家补贴或折价的形式出售给个人。私有住房的出现促使居民开始装修自己的住房,房屋日益个性化和多样化。新建住房也开始增多,房屋户型、建筑面积和配套设施也随之增加,单位和个人对住房投入的积极性被调动起来。1992 年,北京市政府颁布了《北京市住房公积金制度实施办法》(京政发〔1992〕35 号),为住房公积金制度的发展和住房分配货币化改革奠定了良好基础。依据《国务院关于进一步深化城镇住房制度改革加快住房建设的通知》(国发〔1998〕23 号),北京市开始实施城镇住房制度改革,停止住房实物分配,逐步实行住房分配货币化,并开始建设以经济适用房为主的多层次城镇住房供应体系[3]。

2.2.2 以经济适用房为主的住房保障

1998 年我国正式实行以经济适用房为主的城镇住房供应制度后,北京市经济适用房的建设量逐年递增,1998 年全年施工 24.6 万 m^2,竣工 28.6 万 m^2,2005 年达到经济适用房建设顶峰,全年共施工 890.9 万 m^2,竣工达到 355.8 万 m^2。随后逐年减少,特别是 2012 年之后,每年施工的经济适用房维持在 200 万~300 万 m^2,竣工面积则不足 100 万 m^2。从房屋销售上看,1999—2016 年经济适用房销售面积平均仅占商品房的 7.9%,其中占比超过 10% 的是 2000—2005 年,平均 14.3%。因此,从经济适用房历年建设的统计数据可以看出,以经济适用房为主的住房保障数量少,覆盖面有限,无法有效满足中低收入家庭的住房需求[4],北京市的房地产市场已形成以商品房为主的供应结构,同时当时的商品房供应结构中存在较大的不均衡现象,中高档商品房成为主流产品,这也成为 2006 年国务院下发调整住房供应结构、稳定住房价格等意见通知,推出"7090"政策的背景之一。另外在经济适用房准入审核和分配环节,存在各类证明"失真"的情况,以及审核"失灵"的问题,导致住房保障失效。尽管如此,北京市建成了天通苑、回龙观等规模较大的经济适用房社区,较为成功地解决了大量中低收入群体的住房问题,成为当时全国在住房保障方面树立的典范[5](表 2-2)。

表 2-2 北京市住房历年建设规模　　　　单位:万 m^2

年份	经济适用房			商品房
	施工面积	竣工面积	销售面积	销售面积
1998	24.6	28.6	—	409.2
1999	401.1	122.9	45.8	544.4
2000	324.9	184.9	166.5	956.9
2001	584.7	214.0	185.2	1205.0
2002	660.2	228.4	220.7	1708.3
2003	802.5	322.8	320.0	1895.8
2004	890	298.8	306.3	2472.0
2005	890.9	355.8	306.3	2472.0
2006	806.5	270.1	176.3	2607.6

(续表)

年份	经济适用房			商品房
	施工面积	竣工面积	销售面积	销售面积
2007	710.5	188.6	100.1	2176.6
2008	727.8	101.1	108.3	1335.4
2009	795.1	98.2	82.2	2362.3
2010	756.2	144.6	49.5	1639.5
2011	596.1	74.6	39.4	1440.0

表格数据来源：笔者根据资料整理

2.2.3 廉租房缓慢发展逐步走向并轨

2001年8月，北京市原国土房管局、财政局和民政局三部门，根据1999年原建设部颁布的《城镇廉租住房管理办法》（建设部令第70号）和市政府制定的《北京市进一步深化城镇住房制度改革加快住房建设实施方案》（京发〔1999〕21号），联合发布了《北京市城镇廉租住房管理试行办法实施意见》（京国土房管住字〔2001〕1005号），明确规定在城近郊八区，人均住房使用面积低于7.5 m^2 的低保和优抚家庭纳入廉租住房的覆盖范围，并实行租金补贴、实物配租和租金减免三种方式的廉租住房政策。

2002年，北京市首个实物配租廉租房项目作为京城仁和商品房配建工程开工建设，该项目也被列为当年市政府为群众办理的60件实事之一。该项目共有廉租房400套，包括40 m^2、45 m^2 和84 m^2 三种户型，建筑面积29 840.21 m^2，用于解决双困家庭和有各种特殊贡献群体的住房困难问题。2002年6月，该项目廉租房被北京市保障性住房建设投资中心收购，纳入公租房模式管理。截至调研之日，在租租户352户,包括公开配租及荐租,入住率为88%,小区整体运营情况较好,不过也存在住房设施老化、公共配套设施不足、管理难等问题。廉租房是城镇住房制度改革对构建以经济适用房为主的住房保障体系的重要补充,针对城市最低收入家庭,是住房保障的底线,其资金来源主要依靠政府财政拨款和住房公积金增值收益,面对大量的廉租房建设需求,资金来源单一、不稳定,制约着廉租房的发展。

2007年,北京市政府正式印发《北京市人民政府关于印发北京市城市廉租住房管理办法的通知》(京政发〔2007〕26号),进一步拓宽了廉租房的资金筹集渠道,将从土地出让净收益中按一定比例提取的资金和社会捐赠资金纳入进来;并进一步规范和严格了廉租房的审核、分配、监督管理和退出机制。尽管以经济适用房为主、以廉租房为辅的住房保障体系解决了北京市部分居民的住房问题,但两者不论是保障数量还是保障范围都有限,绝大部分市民不在廉租房的覆盖范围内也买不上或买不起经济适用房,因此形成了庞大的"夹心层"群体,巨大的住房需求促使北京市住房价格节节攀升,市民望房兴叹。随着国家大力推广公租房,北京市也加快出台公租房的相关政策。2013年,住房和城乡建设部、财政部、国家发展改革委联合印发《关于公共租赁住房和廉租住房并轨运行的通知》(建保〔2013〕178号),规定从2014年起,各地廉租房与公租房并轨运行,廉租房由此退出了历史舞台。

2.2.4 以租为主的住房保障体系初步建立

北京市政府在2007年开始提出保障性住房发展规划,编制了《北京市"十一五"保障性住房及"两限"商品住房用地布局规划(2006—2010年)》,并成立了"住房保障办公室",简称"住保办",由其承担全市住房保障管理工作。住保办成立后,一方面开展了一系列保障性住房理论和实践方面的专题研究,在供应体系、实施体系和分配审核体系等方面,形成了一系列的配套制度措施;另一方面,随着工作不断深入,政策不断明晰,北京市形成了市场化和保障性双轨制并进发展的指导思想,在保障性住房的建设、分配、管理等方面初步确定了行动指南。相关资料显示,"十一五"时期,北京市累计筹集各类保障性住房48.5万套,其中廉租住房占4.7%,公共租赁住房占5.4%,经济适用住房占26.6%,限价商品住房占34.4%,其他各类定向安置住房28.9%。可以看出,该阶段针对住房困难群体的住房保障目标是以"人人有住房"为主。

随着北京市一系列发展公租房政策的出台,公租房的建设速度逐渐加快。为破解住房保障资金瓶颈,2011年,市政府成立了北京市保障性住房建设投资中心(简称"市保障房中心"),承担全市统筹公租房的投融资、建设收购、运营管理职责。市保障房中心通过公租房的标准化建造、市场化运营、规范化服务,发挥政府保障房管理的示范作用,提升公租房建设管理服务水平,在北京市构建"以租为主"的住房保障体系中发挥了龙头和主力军作用。相关资料显示,"十二五"时期,全市建设筹集各类保障性住房100.9万套,其中公租房(含廉租房)占比近20%,已经高于产权类保障房13%的占比比例。可以看出,住房保障目标已经从"人人有住房"向"人人有房住"转变,随着十九大报告提出构建"租购并举"的住房制度,"以租为主"的住房保障体系更加明确。

2.3 北京市住房发展建设概况

2.3.1 租赁住房类型

目前北京市保障性租赁住房主要包括集体土地租赁房、非居住建筑改建租赁房,以及利用新供应国有建设用地建设(商品房项目配建)保障性租赁住房三种类型[6]。

1. 集体土地租赁住房建设试点工作

自2017年北京市被确定为全国第一批开展利用集体建设用地建设租赁住房试点的13个城市之一以来,北京市陆续出台了《关于进一步加强利用集体土地建设租赁住房工作的有关意见》《关于加强北京市集体土地租赁住房试点项目建设管理的暂行意见》《关于我市利用集体土地建设租赁住房相关政策的补充意见》《关于进一步加强全市集体土地租赁住房规划建设管理的意见》等系列配套文件,加强规划选址、主体选择、工程建设、租赁运营等全过程管理,集体土地租赁住房建设取得显著成效,截至2021年2月全市已累计开工44个项目、房源约5.7万套[7]。

(1) 多主体,鼓励社会各方积极参与

充分发挥市场配置资源的基础性作用,激发市场活力,鼓励各区从项目实际情况出发,引导乡镇、村集体经济组织合理选择建设运营方式。一是由乡镇、村集体经济组织自行投资建设;二是集体经济组织以土地使用权作价入股、以联营方式与国有企业合作建设;三是集体经济组织以项目经营权出租的方式与社会资本合作开发。

(2) 保收益,切实维护好村民和集体经济组织利益

村民按照村民自治条例相关规定,通过民主程序行使权利,参与项目相关管理,享受项目分红。各乡镇、村集体经济组织代表村民按照中央及本市集体土地租赁住房建设管理政策与社会企业签订合作协议合作开发建设运营或自主开发建设。合作开发的项目主要通过合作协议及相关补充协议保障合作双方权益,且村集体享受保底分红。农村集体经济组织严格履行民主程序,制定项目收益

分配方案,进行公开、公平、公正分配,并按照本市农村集体经济组织财务公开有关规定,定期公布账目。

(3) 三毗邻,科学规划选址

按照毗邻功能区、产业园区,毗邻交通枢纽,毗邻新城的原则,各区在严格落实《北京城市总体规划(2016年—2035年)》基础上,统筹考虑首都城乡发展和产业整体布局,结合腾退疏解、减量发展要求,确定具体项目供应规模与选址,促进职住平衡、产城融合。

(4) 建精品,满足宜居宜业需求

集体土地租赁房可分类设计成套住宅、公寓、职工宿舍等多种类型,有效满足新就业无房职工、城市运行和服务保障行业务工人员等不同层次租赁需求,弥补了租赁市场供应缺口[8]。严把设计源头关,市区有关部门组织专家对项目规划设计方案进行评审,合理设置项目商业配套比例,机动车停车位、建筑间距及日照标准,适度超前,宜居宜业,促进产业融合和新业态发展。许多项目由国内国际知名设计机构专家主导设计,理念先进。

(5) 严管理,防止"以租代售"

加强供需对接引导,鼓励项目建设单位将房源直接对接租赁住房需求集中的社会单位、企业,但不得出让、转让,不得改变土地用途。加强集体土地租赁住房租期、租金等运营管理,单次租赁期限最长不超过10年,合同期内出租方不得单方面提高租金,不得一次性收取12个月以上租金。落实监管责任,将集体土地租赁住房统一纳入全市监管服务平台,加强租金监测和租赁合同管理,规范出租经营。

(6) 促改革,健全支持发展政策

全面落实《国务院办公厅关于加快发展保障性租赁住房的意见》(国办发〔2021〕22号)文件确定的支持政策,引导金融机构进一步创新金融产品与服务，为集体土地租赁住房建设提供长期、低利率贷款支持；探索推进保险资金、住房公积金等长期资金参与集体土地租赁住房建设；在项目稳定运营一定期限后，鼓励支持项目建设单位探索通过资产证券化、不动产投资信托基金等方式融资。

2. 非居住建筑改建租赁型职工集体宿舍

北京市组织利用闲置商场、写字楼、厂房等改建为租赁型职工集体宿舍，为园区单位务工人员提供小户型、低租金的床位式租赁住房，更好满足城市运行和服务民生保障行业人员住宿问题。一是房屋来源多样，既包括商业用房、办公用房和酒店，也包括厂房和集体土地合法建筑；二是对接项目周边需求，要求改建后的租赁住房必须对接周边企业、工厂、社会单位，不能直接进入市场；三是建设手续简便，在区住建（房管）部门会同规划等部门联合审查同意后，仅仅办理施工图审查、施工许可、竣工验收等，不涉及立项、土地、规划和登记等手续变更。截至2021年6月全市已改造实施项目13个、3822套（间），提供了一批小户型、低租金的床位式租赁住房，受到市场欢迎[6]。

3. 利用新供应国有建设用地建设（商品房项目配建）保障性租赁住房

落实国务院关于促进房地产市场平稳健康发展的会议精神和《国务院办公厅关于加快发展保障性租赁住房的意见》要求，北京市率先开展了在2021年度第二批次集中供地项目中配建保障性租赁住房工作。在上市地块供地过程中，通过"一地一策"会商机制，坚持"因区施策"，市住房城乡建设、规划和自然资源部门与各区政府经过充分沟通，合理确定地块上市使用的政策工具。对于地价较低、价差空间较大的地块，选择以配建保障性租赁住房的方式供应，在出让公告中明确配建住房的户型要求、车位配比等内容，并在发布出让公告过程中将配建要求提前公告,开发企业可根据地块具体要求进行成本收益测算,降低拿地风险。同时,集中供地配建地块均在出让文件中明确要求配建住房与同一物业管理区域内其他住房实施统一管理,物业收费标准保持一致,享受同等物业服务,共享优质资源,建设宜居和谐社区。

2021年8月,北京市第二批集中上市商品房项目供地中,已有14个项目拟配建27万m^2保障性租赁住房。配建项目地块毗邻人口聚集区、产业园区,交通配套、服务设施更加完善,与区域租赁需求衔接度更高。这一举措有利于增加租赁住房供给,优化住房供应结构,稳定市场预期,通过提供小户型、低租金的保障性租赁住房,有效缓解新市民、青年人等群体住房问题,能更好促进产城融合、职住平衡。

2.3.2 保障租赁住房面临的挑战与问题

1. 基层主体积极性问题

集体土地租赁房建设采取占地模式,没有土地出让金收益,而且须投资建设项目周边配套市政基础设施,因此部分区政府投资建设积极性不高。部分村民及村集体经济组织固守原有征地拆迁补偿模式,倾向于一次性赚大钱,没有彻底转变思维模式。

2. 社会资本参与积极性问题

保障性租赁房建设前期投入大,回报周期长,大多数企业出于业绩考核、投融资成本考虑采取审慎态度。从目前已实施的集租房项目来看,除万科、首创等品牌企业参与外,其他建设主体多为乡镇、村集体经济组织联社或与非品牌企业组建的合作企业。各建设主体专业水平参差不齐,高度离散,建设管理运营能力有待进一步提高。

3. 项目融资问题

保障性租赁住房中，集体土地价值的评估体系仍有待完善，金融机构难以准确认定集租房价值，多数项目需要投资方进行主体信用或者项目之外的抵押担保。特别是采取经营权合作模式开发的项目，运营权质押估值较低，融资贷款难度较大。

4. 户型设计管理方面

市场需求呈现多样化，但保障性租赁住房项目户型设计的灵活性不足，设计标准须进一步明确。公共服务设施配置与保障性租赁住房特点结合方面须进一步研究完善。

5. 合理确定租金方面

如何保证租户租金可负担、企业经营可持续，以及微利可持续的保障性租赁住房建设运营机制等都需要进一步探索研究完善。

6. 加强运营监管方面

如何加强监督管理，严防保障性租赁住房上市销售或变相销售；提高专业化运营水平，增强居住人群的幸福感，需要进一步探索研究和完善。

2.4 北京市租赁住区规划设计案例

2.4.1 北京百子湾公租房基本情况

北京百子湾公租房项目位于朝阳区东四环外，广渠路南，广华新城小区以西。项目总占地面积 9.39 万 m^2，总建筑面积约 47.33 万 m^2，其中住宅约 20 万 m^2，其他为居住公共服务设施和地下车库，设计总户数 4000 户。公共服务设施包括了物业用房、社区管理服务用房、托老所、老年活动中心、社区助残服务中心、街道办事处、派出所、社区服务中心、社区文化设施、机构养老设施、残疾人托老所、社区卫生服务中心、菜市场、运动场、室内外体育设施、各类停车场等 52 项便民设施。可以说这个项目就是一个微型的城市,涵盖了居民生活所需的方方面面。由于项目的地理位置比较特殊,距离北京 CBD 核心区不足 6 km,在项目规划之初就得到了北京市规划和自然资源委员会、北京市保障性住房建设投资中心等各级领导的重视,提出要将其建设成为公共保障性住房项目的样板工程,展现公租房建设的良好品质和环境。

2.4.2 设计理念

现在很多所谓的社会住宅在一味追求效率、密度、造价的前提下,已经丧失了其应该具有的开放性、互动性和社会性,同时也丧失了品质、环境和居住的尊严。社会上对于限价房、保障房、公租房等类型的住宅已经贴上了像"品质差""环境差"等带有偏见的标签。所以在项目设计开始,MAD 建筑事务所基于一贯的"山水城市"精神就提出了在设计中要摒弃传统住宅小区的兵营式布局模式以提升生活品质、促进社区交流、最大化接触自然并与周边城市环境相连的新城市社区理念。体现这一理念的几个要点如下:

1. 充满活力的人居社区

社区向城市开放,首层是小尺度、灵活的商业空间,用小区内部道路将社区首层分为 6 块,形成网格街道,商业空间沿每个地块的边长展开,增加社区与城市接触的界面。餐厅、咖啡厅、便利店、洗衣店等充满生机的城市生活业态被引入社区,实现城市与社区的融合。商业街区鼓励多种业态,鼓励年轻人创业。

2. 漂浮的城市公园

屋顶架空层为社区提供文化与体育空间,包含艺术画廊、图书中心、运动中心等。二层的平台包含社区中心、养老院、幼儿园、生态农场等,通过一条环形的跑步道连接不同的地块,串联起不同的社区功能,将6个地块的平台层连为一体。通过架空层大面积的覆土绿化,塔楼的退台花园,以及屋顶空间,实现整个地块100%的绿化覆盖,最终形成漂浮的城市公园。

3. 山水建筑的理想家园

建筑形体方面,建筑通过"Y"形基本平面相互联系,形成富于变化的建筑形体;点状的塔楼和线性展开的低层住宅结合,形成了"手拉手"的建筑形体,象征整个社区的团结;并通过退台的造型处理,形成高低错落的"山"的形象。所有户型均为南向或偏南向,所有房间都有较好的采光。低层是花园入户的小跃层户型,通过通廊横向相连,创造亲切的邻里关系。低层住宅线性展开,在中央形成具有围合感的空间,带给住户归属感。

2.4.3 建筑技术应用

1. 产业化建设系统

建筑立面设计以简单的横线条为主,为阳台、空调板等建筑构件提供条件,不做无用的装饰,形成简洁的立面风格。项目通过标准化和模块化组合设计,建筑—装修一体化的方式,采用装配整体式剪力墙结构、装配式装修、绿色施工等技术和生产手段,拟在地上建筑中全面实施住宅产业化的建造方式。标准化是产业化的基础,统一模数、统一标准构件、统一施工是实现标准化的方式。统一模数,让不同的建筑物各部分构件的尺寸统一,使部品间具有通用性和互换性;统一标准构件让住宅部品与住宅建筑设计相互协调,使住宅建筑设计与施工找到相应规格的部品;统一施工对于住宅建筑的标准化、工业化起到了积极的推进作用。因此,实现设计、制造、施工等各环节的互相协调,简化施工现场作业,提高设计和施工效率也是产业化的优势所在。

2. 精细人居设计

总计约 4000 套公租房,户型面积分为 40 m^2、50 m^2 和 60 m^2 三类。户型实行标准化设计,设计出 6 种标准化户型。装修设计采用装配式装修体系,主要系统包括整体式厨房和卫生间、装配式隔墙、模块化吊顶、模块化采暖地面等(图 2-1)。同时,这个基本模块也是结构的基本单元,相同的尺寸,便于减少变异的墙板和楼板,更有利于加工生产。户型内部,均采用轻质的涂装板作为分隔墙体,管井设置在公共区域,便于检修的同时,也为户型内部装修改造提供便利。精装设计方案满足要求,并且具有完备的精装修暖通、给排水、电气设计方案。整个项目合理运用多项装修产业化技术,包括 CSI 体系、整体家装系统、整体收纳系统、太阳能热水系统等。本项目装修产业化技术由与结构分离的管线及其集成体系、轻质隔墙装配体系、四合一多功能地面装配体系等组成,涵盖了整体厨卫、给排水、厨卫防水、强弱电、地暖、内门、照明等全部内装部品,基本实现 CSI 体系的目标要求(图 2-1)。

3. 超低能耗技术运用

项目中有两栋示范性超低能耗建筑,全年供暖供冷需求显著降低,建筑节能率达到 90% 以上。通过对建筑体形系数与窗墙比的控制,充分考虑了夏季制冷需求以及冬季采暖需求,选择适用的气密性材料做节点处理。照明采用高效节能型光源,采用合理的灯具安装方式及照明控制方式。建筑室内温湿度适宜,具有良好的气密性和隔声效果,室内环境更加安静(图 2-2)。

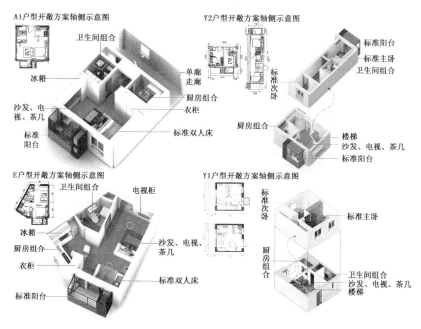

图 2-1 公寓户型图

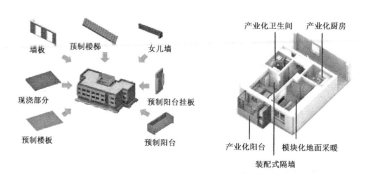

图 2-2 建筑模块示意图

参考文献

[1] 徐勤政,杨浚,石晓冬.面向首都综合治理的北京市国土空间规划实践与思考[J].城市与区域规划究,2020(1):107-119.

[2] 刘金明,耿伟,徐梦馨.新形势下国土空间规划风险评估工作的探索与实践[J].建筑经济,2021(S1):39-41.

[3] 马建平.中国保障性住房制度建设研究[D].长春:吉林大学,2011.

[4] 易磬培.中国住房租赁制度改革研究[D].广州:华南理工大学,2018.

[5] 郑思齐,张英杰.保障性住房的空间选址:理论基础、国际经验与中国现实[J].现代城市研究,2010,25(9):18-22.

[6] 北京市住房保障办公室.保障性租赁住房的规划建设与管理:北京市的实践与探索[J].住区,2021(6):12-16.

[7] 田相伟.集体土地建设租赁住房的规划建设与管理:北京的实践与挑战[J].北京规划建设,2021(3):23-27.

[8] 赵莹莹."集租房":吸引来的都是年轻人[N].北京日报,2021-12-02(13).

第三章

上海市保障性租赁住房发展模式

3.1 上海市概况

3.1.1 上海市行政区位概述

上海位于中国东部,太平洋西岸,亚洲大陆东沿,是长江三角洲冲积平原的一部分。上海西接江苏、浙江两省,北接长江入海口,是一个良好的江海港口。它与邻近的浙江省、江苏省、安徽省构成长江三角洲,是中国经济发展最活跃、开放程度最高、创新能力最强的区域之一。2021年末,上海行政区划面积6340.5平方千米,下辖16个区;常住人口2489.43万人;人均期望寿命84.11岁,处于世界领先水平[①]。

3.1.2 上海市人口概况

上海市统计局将上海外来常住人口定义为离开户口登记地半年以上的外省市人口。从20世纪90年代初期以来,由于经济快速发展和社会治安相对稳定,外来常住人口已成为上海市常住人口增长的主要来源。

2000年上海外来常住人口是305.74万人("五普"资料);2005年上海外来常住人口是438.4万(全国1‰人口抽样调查资料);2010年上海外来常住人口总量激增至897.7万人("六普"资料),比"五普"数据增加591.96万人,增长193.6%。2015年外来常住人口为981.65万人(全国1‰人口抽样调查资料)。2017年外来常住人口972.68万人,占常住人口比重高达40.22%(上海市统计局)。2021年外省市来沪常住人口为1047.97万人,占比42.1%

---

① 数据来源于上海市人民政府网站. https://www.shanghai.gov.cn/

("七普"资料),同"六普"的897.7万人相比,十年共增加150.27万人(图3-1),增长16.7%。平均每年增加15.0265万人,年平均增长率为1.6%①。

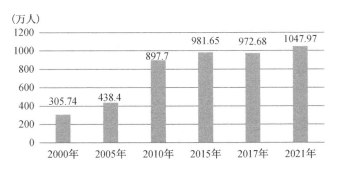

图 3-1　上海市外来常住人口变化情况

图片来源:作者根据资料整理绘制

3.1.3　上海新城与保障房研究背景

在迈向国际化大都市的进程中,上海面临着严峻的城市问题[1]。作为国内一线城市,其中心城区拥有过于稠密的人口以及产业,土地资源紧缺,因此急需开发新城,将部分人口迁移到近郊或远郊新城缓解用地矛盾,优化城市空间结构,进一步推动区域经济发展[2]。市政府通过建设基础生活设施完备的保障房社区引导人口流量变化,浦东新区、嘉定、松江等新城逐步建设,有效疏解了中心城区的人口压力;"退二进三"产业发展战略的制定将上海市中心的部分企业逐渐牵引到新城,大量人口涌入新城也为其提供了富余的青年劳动力资源,带动了各城区经济的共同发展。

---

① 数据来源于上海市统计局网站. https://tjj.sh.gov.cn/

在 21 世纪初始的 10 年里，上海郊区新城的建筑面积增长远超市中心，郊区人口增长比率也远大于中心城区，并且远郊人口的增幅逐年加大。这 10 年间，上海的人口增长主要体现在郊区新城上。由此可见，保障房选址郊区，对于疏解中心城区人口、迁移产业、吸引新的劳动力、拉动区域经济共同发展，发挥了不可替代的作用[3]。保障房社区建设极大地推动了上海新城的建设与发展，对于探索新型城镇化建设具有深刻的借鉴意义。

3.2 上海市租赁住房规划纲要及相关政策的发展沿革

3.2.1 21 世纪以来上海市租赁住房规划纲要的发展沿革

新中国成立后我国逐步建立并实行福利性住房制度，直到改革开放之后，我国的城镇住房才开始私有化、商品化。1991 年，《上海市住房制度改革实施方案》正式出台实施，其核心是建立公积金制度，上海住房制度改革自此起步。1998 年国务院颁发《国务院关于进一步深化城镇住房制度改革加快住房建设的通知》，决定实行住房分配货币化，福利分房制度结束。随着房改的深化，上海开始探索建立市场经济条件下有生命力的、长效的、面向社会最低收入家庭的住房保障制度。为建立和完善我国的保障房制度，1999 年建设部发布《城镇廉租住房管理办法》，2001 年 3 月 15 日，《中华人民共和国国民经济和社会发展第十个五年计划纲要》提出要"建立廉租住房供应保障体系"，我国的保障性住房制度自此开始建立。

上海的住房保障体系进入 21 世纪后迎来了重大改革，租赁住房作为保障市民住房的重要途径，开始进入五年发展规划的编制之中，下面纵向梳理上海"十五"到"十四五"规划纲要的内容，以期为未来保障性租赁住房的发展提供借鉴。

1. "十五"时期：住房改革背景下廉租房保障机制的探索

21世纪初，上海逐步推动住房保障制度改革，从以福利分房为主转变为以住房市场化背景下的保障房为主，正式开启住房货币分配市场化改革。作为与之相配套的保障机制，上海在全国率先探索廉租住房制度，颁布《上海市城镇廉租住房试行办法》。推出廉租房的目的是在住房商品化改革的背景下，解决最低收入家庭的住房问题。在此背景下，上海在"十五"计划纲要中首次提出"发展廉租房，继续促进低收入家庭生活水平的改善"，开始利用廉租房解决最低收入家庭的住房困难问题[4]。

2. "十一五"时期：以租赁住房为组成，构建住房保障体系

"十一五"时期，上海在前期改革的基础上，进一步优化完善住房保障体系，改善困难家庭和中低收入家庭的居住条件。完善住房保障体系，通过扩大廉租住房、实行公有住房低租金和旧公房改造等措施，逐步解决生活和居住困难家庭的安居问题[5]；通过适当放宽购房贴息条件、建立租售并举新机制等途径，逐步改善中低收入家庭的住房条件[6]。

"十一五"期间，上海根据市民收入和住房情况首次明确提出构建多层次、多渠道的住房保障体系，租赁住房在其中占据了非常大的比重，逐步呈现出以家庭为单位、分类分层的特点：一是针对"双困"家庭的廉租房，提出到2010年享受廉租住房保障家庭达到3万至5万户；二是针对"双困线"以上居住困难家庭，实行公有住房低租金政策；三是针对无力买房且经济条件较差的家庭，建立住房租赁新机制，扩大中低价商品房和普通商品房的租赁比例（图3-2）①。

---

① 上海市人民政府网站．https://www.shanghai.gov.cn/

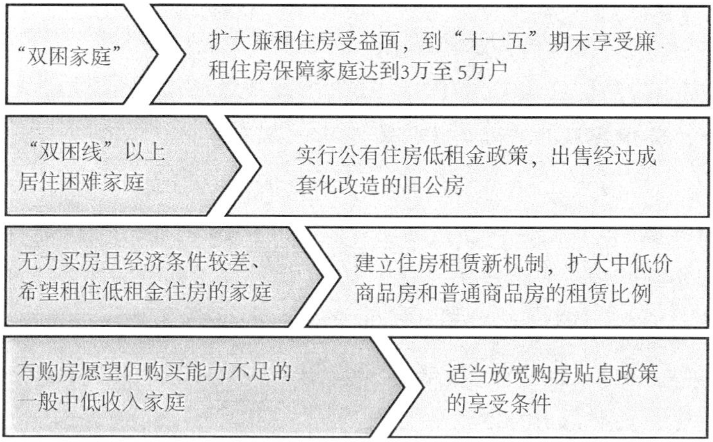

```
"双困家庭" ──▶ 扩大廉租住房受益面,到"十一五"期末享受廉
                租住房保障家庭达到3万至5万户

"双困线"以上 ──▶ 实行公有住房低租金政策,出售经过成
居住困难家庭      套化改造的旧公房

无力买房且经济条件较差、──▶ 建立住房租赁新机制,扩大中低价
希望租住低租金住房的家庭    商品房和普通商品房的租赁比例

有购房愿望但购买能力不足的 ──▶ 适当放宽购房贴息政策
一般中低收入家庭              的享受条件
```

图 3-2 "十一五"时期上海多层次、多渠道的住房保障体系

图片来源:《上海市国民经济和社会发展第十一个五年规划纲要》

3. "十二五"时期:面向"夹心层"实施公租房政策

到了"十二五"时期,经过十多年的努力,保障性住房体系不断完善,上海市民的住房困难得到了很大改善;但与此同时仍然有一些难以解决的问题困扰上海城市发展,特别是大量收入高于最低收入标准又低于中低收入标准的"夹心层"家庭[7],住房困难非常突出,他们既不能享受廉租房的优惠,也没有能力购买经济适用房。同时,上海的快速发展吸引大量外省市人才来沪发展,仅靠数量稀少的人才公寓、单位租赁公寓,根本不能满足庞大的住房需要。为此,上海借鉴新加坡和中国香港等国际大都市的做法,探索推出了公共租赁住房。2010年,上海市政府出台《本市发展公共租赁住房的实施意见》(沪府发〔2010〕32号),正式提出在全市范围内积极推进公共租赁住房工作。

也正是在上海市"十二五"规划纲要中,提出了"大力实施人才安居工程,积极扩大公共租赁住房、单位租赁住房的建设和供应规模","把住房保障作为改善民生的重中之重,加快建设分层次、多渠道、成系统的住房保障体系,逐步解决中低收入家庭住房困难问题,不断改善居民居住条件,提升居住品质",其正式明确提出廉租住房、经济适用住房、公共租赁住房和动迁安置房"四位一体"的住房保障体系:① 廉租住房主要面向低收入住房困难家庭,包括租金配租和实物配租两种形式[8]。到"十二五"期末,预计新增供应廉租住房7.5万户。② 经济适用住房主要针对中低收入住房困难家庭。"十二五"期间,预计新增供应经济适用住房40万套。③ 公共租赁住房主要针对部分青年职工、引进人才和来沪务工人员等群体的阶段性居住困难[9],包括公共租赁住房和单位租赁住房两类。"十二五"期间,预计新增供应公共租赁住房18万套(间)①。

根据全市统一部署,各区相继组建公共租赁住房运营公司,筹集公共租赁住房房源,相关内容也被纳入区级"十二五"规划之中。

4. "十三五"时期:推动租赁住房保障体系和市场体系同步发展

在21世纪的前三个五年中,对租赁住房的关注主要在于夯实"四位一体"的住房保障体系;而"十二五"时期,租赁住房市场进入了城市规划者的战略视野。长期以来,上海租赁住房市场呈现出以"个体出租人+中介机构"为主的发展模式,暴露出住房租赁供给不够完善、专业化租赁机构发展滞后、租赁市场监管体系不够健全等问题[10]。在贯彻落实中央"房住不炒"方针、满足各类群体多样化租赁需求的背景下[11],"十三五"时期,上海租赁住房发展迎来重大转折,盘活存量住房资源,优化住房市场结构,提高租赁住房比重。

---

① 上海市人民政府网站。https://www.shanghai.gov.cn/

在《上海市住房发展"十三五"规划》中,突破性地提出大幅增加租赁住房供应:"十三五"时期,住房用地供应 5500 hm²,其中,商品住房用地 2000 hm²、租赁住房用地 1700 hm²、保障性住房用地 1800 hm²,住房用地供应总量较"十二五"增加 20%。预计新增供应各类住房 12 750 万 m²、约 170 万套,其中市场化住房 8250 万 m²、约 115 万套,包括商品住房 4000 万 m²、约 45 万套和租赁住房 4250 万 m²、约 70 万套,租赁住房供应套数占新增市场化住房总套数超过 60%;保障性住房 4500 万 m²、约 55 万套[①]。

经过几年的持续努力,上海租赁住房市场取得长足发展,也为下一阶段明确租赁住房发展的政策方向积累了充分的经验。

5. "十四五"时期:上海租赁住房的发展趋势

从国家"十四五"规划纲要、近期中央和国家部委印发的相关文件来看,未来五年租赁住房仍将作为保障全体人民住有所居的重要举措。同时,针对租赁住房保障性不足等问题,将向中低收入群体提供政策性租赁住房,满足不同阶层租赁住房的需要。

上海"十四五"规划纲要在积极响应国家有关要求的基础上,结合城市自身特点及现有租赁住房发展基础,提出了更具上海特色的租赁住房发展要求。整体来看,此次规划中有关租赁住房的内容比重增加,对"十三五"时期的政策进行了完善。

从数据上看,截至 2020 年末,上海完成了"十三五"时期预计新增供应租赁住房 70 万套这一目标,不过相较国际大都市的住房结构,上海租赁住房供应仍需要进一步扩容。为解决供应不足的问题,上海市"十四五"规划纲要对租赁住房供应规模提出了非常具体的目标,即"到 2025 年形成租赁住房供应 40 万套以上"。

---

① 上海市人民政府网站. https://www.shanghai.gov.cn/

"十四五"时期租赁住房发展已经成为上海推进城市重大战略实施的重要支撑力量。在支撑人才战略方面,为持续增强对人才的吸引力,加大对各类青年才俊扎根上海的服务保障,上海市"十四五"规划纲要提出全面构建青年友好的创新创业生态和工作生活环境,吸引更多青年才俊选择上海、扎根上海、书写梦想、成就事业,其中包括在青年人才集聚度高的园区社区,围绕青年人才创意交互、工作交流、生活交往需求,建设面向青年的人才型公寓,打造24小时青年创新生态社区;并提出"到2025年全市用于人才安居的租赁房源规模达到20万套,完善人才安居政策体系,优化人才购房政策,建立市级人才租房补贴制度,鼓励各区扩大补贴范围、提高补贴标准,有效解决人才住房难题"①。

在空间发展方面,继续推进存量建设用地盘活更新和低效建设用地减量化[12],并鼓励中心城老旧商务楼宇改造为租赁住房,为周边就业人口提供居住配套。动态调整部分地区商住用地比例,允许部分未建商办用地在充分论证的基础上转为居住用地并建设租赁住房[13],用于青年科创社区或企业人才公寓等。在居住环境方面,始终坚持"房子是用来住的、不是用来炒的"定位[14],租购并举、因区施策,以提升居住品质为重点,持续完善住房制度体系,促进市民住有所居、住有宜居。稳妥实施房地产市场调控"一城一策"常态长效机制,保持新建项目供应量、供应结构、供应节奏合理有序,持续抑制投机炒房,坚决防范、化解房地产市场风险;并提出多主体多渠道增加租赁住房供应,发挥各类市场主体作用,加大对城市运行基础服务人员宿舍型租赁住房的供应力度,到2025年形成租赁住房供应40万套(包括间、宿舍床位)以上。

---

① 上海市人民政府网站. https://www.shanghai.gov.cn/

3.2.2 上海市租赁住房相关政策的发展沿革

目前上海保障性住房包括廉租住房、公共租赁住房、共有产权保障房(即经济适用住房)、征收安置房(或限价商品房)四种不同类型,它们共同构成了"四位一体"、租售并举的住房保障体系,基本覆盖上海市不同住房困难对象。其中廉租住房和公共租赁住房采取出租形式,廉租住房面向上海市城镇户籍的低收入住房困难家庭;公共租赁住房主要面向存在阶段性住房困难的上海市青年职工、引进人才和来沪务工人员等常住人口。

1. 上海廉租房历史沿革

廉租房是上海最先建立起来的保障房类型。廉租房是指政府以租金补贴或实物配租的方式,向符合城镇居民最低生活保障标准且住房困难的家庭提供社会保障性质的住房。廉租房的分配形式以租金补贴为主,实物配租和租金减免为辅。租金补贴是指县级以上地方人民政府向满足廉租房租金补贴承租条件的家庭发放住房补贴,由申请人自行租住住房。实物配租是指县级以上地方人民政府向满足实物补贴条件的申请家庭提供住房,并根据规定收取租金的保障方式。目前,中国的廉租房只租不售,多数廉租房房源来源于腾退的老旧公房[15]。

上海廉租房制度自出台到目前为止,可以分为三个阶段,第一阶段为探索起步阶段(1998—2001年),第二阶段为发展健全阶段(2002—2006年),第三阶段为逐步完善阶段(2007年至今)。

(1) 探索起步阶段(1998—2001年)

1998年,上海市响应国家号召,根据同年中央政府发布的《国务院关于进一步深化城镇住房制度改革加快住房建设的通知》的有关内容开展了"上海市建立低收入家庭住房供应体系"的研究,正式提出要在上海市建立廉租住房制度。

1999年9月,上海市依据建设部发布的《城镇廉租住房管理办法》正式成立了廉租住房办公室,进行了本市的低收入家庭住房问题的调研。同年11月,上海市财政局发布《关于深化本市住房制度改革若干财税政策的通知》,详细叙述了廉租房各个方面的操作,并规定从2000年至2002年3年内,上海市廉租住房的承租人可免除其营业税、房产税和所得税。这则通知对上海市廉租住房的发展起到了十分重要的推动作用。

2000年9月3日,上海市政府正式颁布《上海市城镇廉租住房试行办法》,为人均收入低于本市城镇居民最低生活保障标准或者拥有私有住房和承租公有住房的居住面积不超过人均5 m²的家庭,安排配租住房或者发放租金补贴,这标志着上海市廉租住房政策的正式运行。同年10月,上海市将闸北区、长宁区两区列为廉租房制度实施的试点。

2001年在总结了闸北区和长宁区廉租住房实施阶段性成果的基础上,至12月,上海市在19个区县全面正式开展廉租房的建设工作,在全国范围内率先建立起廉租住房保障体系。

(2) 发展健全阶段(2002—2006年)

2002年2月,上海市将推广廉租房政策列入市政府当年度重点实施项目,并要求各区县建立《2002年市政府廉租住房实施项目月报进度表》,将廉租住房工作列入相关官员的工作业绩考核之中,从而确保有效实施廉租房政策。

2006年9月,上海市政府发布了《上海市住房建设规划(2006—2010年)》,明确要求按照"政府主导、社会参与、市场运作"的原则,"建立健全'两大体系',即诚信、规范、透明、法治的房地产市场体系,分层次、多渠道的住房保障体系",并扩大了廉租房保障覆盖面,取消低保与廉租房挂钩的要求,保障范围由最低收入家庭扩大到低收入家庭,逐步加大廉租住房的实施力度。

(3) 逐步完善阶段(2007年至今)

2007年,上海市民政局和房地资源局联合发布了《关于本市扩大廉租住房受益面试点工作的意见》,对扩大廉租房保障覆盖面提出了九个方面的政策,先将卢湾区和浦东区作为廉租房工作的试点,并在年内覆盖到中心城区各区,次年覆盖到全市各区县。该文件还规定了廉租住房申请家庭的资格、申请和审核程序、公示登记、配租办法和标准、退出机制、违规处理、资金保障等内容。为贯彻实施上述文件,同年上海房地局公布了《廉租住房申请家庭住房面积核定办法》,规定了廉租房家庭住房面积统一细致的核算方法,为扩大保障性住房保障范围和规范准入标准奠定了稳固的基础。

2007年12月27日,上海市委和上海市政府发布了《上海市人民政府贯彻国务院关于解决城市低收入家庭住房困难若干意见的实施意见》(沪府发〔2007〕45号),规定"必须扩大廉租房保障范围,保障对象由低收入家庭扩大至中低收入家庭"。廉租对象的家庭收入认定标准不再与低保线挂钩,依照城镇家庭人均可支配收入和经济社会发展水平实行动态管理。至年底,全市有3万余户家庭享受廉租住房保障,占符合条件家庭数99.4%。

2008年,上海市政府发布了《上海市解决城市低收入家庭住房困难发展规划(2008—2012年)》,为上海未来五年廉租房的发展制定了总体目标,规定"将职责和工作任务分配落实,并预计到2012年做到廉租房'应保尽保',同时增加不少于10万户的收益家庭,实物配租比例逐步扩大到20%至30%",并且扩大了廉租住房保障的范围,要求"逐步将承租公有住房的低收入家庭和重点优抚家庭纳入廉租住房保障体系"。自该计划实施以来到2008年底,上海市廉租房受益家庭累计4.4万户。同年,在徐汇等区廉租实物配租新机制试点工作的基础上,上海市政府制定并试行了《上海市廉租住房实物配租管理暂行规定》。市区19个区县全部成立了住房保障中心,并开展了2次以上相关工作人员的业务培训。

2008年3月,上海市房地资源局发布了《关于印发上海市2009年住房建设计划的通知》,在廉租住房方面主要规划了未来廉租房的建设目标、用地供应、区域分布、保障措施等方面的实施目标,成为2009年上海廉租住房发展的行动指南。

2011年8月,上海市政府发布了《关于调整本市廉租住房申请条件和配租标准的通知》,首次按人口数量对家庭收入及财产进行准入标准划分,主要划分标准为2人及以下和3人及以上,申请条件为3人及以上申请家庭人均年可支配收入不超过19 200元、人均财产不超过50 000元;2人及以下申请家庭人均年可支配收入不超过21 120元、人均财产不超过55 000元;并且对租金配租家庭的租金补贴标准进行了相应规定。

2012年3月,上海市住房保障房屋管理局根据之前颁布的标准制定了《上海市廉租住房实物配租申请条件和配租标准》,完善了实物配租的有关内容。

2013年4月,上海市政府发布了《上海市人民政府关于调整和完善本市廉租住房政策标准的通知》(沪府发〔2013〕25号),申请条件放宽为3人及以上申请家庭人均年可支配收入不超过25 200元、人均财产不超过80 000元;2人及以下申请家庭人均年可支配收入不超过27 720元、人均财产不超过88 000元。

2014年,上海廉租房申请标准进一步放宽,3人及以上申请家庭人均年可支配收入不超过30 000元,人均财产由原先的80 000元调整为90 000元;2人及以下申请家庭人均年可支配收入不超过

33 000 元、人均财产不超过 99 000 元。

2017 年 12 月,上海再一次放宽廉租房准入标准,在《上海市人民政府关于调整本市廉租住房部分政策标准的通知》(沪府发〔2017〕93 号)中放宽了收入和财产准入标准,申请廉租住房保障的收入和财产准入标准调整为:3 人及以上家庭,人均年可支配收入不超过 39 600 元、人均财产不超过 120 000 元;3 人以下或经认定的因病支出型贫困家庭,人均年可支配收入不超过 43 560 元、人均财产不超过 132 000 元。

2021 年 4 月,《上海市人民政府关于调整本市廉租住房相关政策标准的通知》(沪府规〔2021〕17 号)将准入标准再次放宽为 3 人及以上家庭人均年可支配收入不超过 50 400 元、人均财产不超过 150 000 元;3 人以下或经认定的因病支出型贫困家庭人均年可支配收入不超过 55 440 元、人均财产不超过 165 000 元。

经过近 20 年的发展,上海廉租房运作程序已经较为成熟有效,廉租房的各个环节包括申请、审核、登记、轮候、配租、复核、退出等,都已经相对成熟。在实施方面也有相当的成效,解决了相当大群体的住房困难问题,彰显了社会公平和政府公信力。

2. 上海公共租赁住房历史沿革

公共租赁住房是指由国家提供政策支持、限定建设标准和租金水平,面向符合规定条件的城镇中等偏下收入住房困难家庭、新进就业无房职工和在城镇稳定就业的外来务工人员出租的保障性住房。它是解决住房困难人群的过渡性方案,目的是解决不属于低收入人群但住房存在困难人群的住房问题。

公共租赁住房不是归个人所有,而是由政府或公共机构所有并运营,相比于廉租房,公共租赁房住房条件较好,配套设施完善[16],相对应的租金较高,但还是低于市场商品房的租金,是承租者承受得起的价格。其供应对象为存在住房困难的中低收入家庭,其中包括符合申请共有产权房、廉租房的家庭,但是已经享受共有产权房或者廉租房的居民不包括在内;还包括家庭中有60岁(含)以上老人、复转军人、残疾人员优抚对象、患大病人员或重点工程拆迁的申请人或者家庭。近几年还包括了新就业职工、应届大学毕业生,还有一些从外地迁移到城市工作的群体。

2010年6月,上海市为响应国家号召,积极开展公共租赁住房工作,并根据《国务院关于解决城市低收入家庭住房困难的若干意见》(国发〔2007〕24号)等相关文件的精神,发布了《上海发展公共租赁住房的实施意见(征求意见稿)》,对保障性住房制度进行了再一次完善。同年9月,为进一步建立健全住房保障体系,积极发展公共租赁住房,上海市住房保障房屋管理局、市发展改革委、市建设交通委、市规划国土资源局、市财政局、市地税局根据《国务院关于解决城市低收入家庭住房困难的若干意见》(国发〔2007〕24号)、《国务院关于坚决遏制部分城市房价过快上涨的通知》(国发〔2010〕10号)以及住房城乡建设部等七部门《关于加快发展公共租赁住房的指导意见》(建保〔2010〕87号)的精神,结合实际,制定了《本市发展公共租赁住房的实施意见》,对公共租赁住房的各项内容的实施作出了明确要求。

2012年1月6日,馨宁公寓和新江湾尚景园作为上海首批市筹公共租赁房项目开始进入市场配租。但由于两处公租房与同期周边市场租赁房相比优惠幅度不高,导致申请人数较少,实施效果并不理想。

2013年,根据住房和城乡建设部、财政部、国家发展和改革委员会联合印发的《关于公共租赁住房和廉租住房并轨运行的通知》(建保〔2013〕178号)的规定,从2014年起,各地公共租赁住房和廉租住房并轨运行,并轨后统称为公共租赁住房。同年8月,上海市人民政府批转市住房保障房屋管理局等五部门《关于本市廉租住房和公共租赁住房统筹建设、并轨运行、分类使用实施意见的通知》,对廉租房和公租房并轨后的运营提出了具体要求,目的是整合保障房资源,提高政府的工作效率以及住房的使用率,进而保证保障性住房的可持续发展。

2014年,上海市人民政府发布《关于做好公共租赁住房续租工作的通知》(沪房管保〔2014〕71号),规定居住或承租使用本市公共租赁住房(含市筹和区筹项目)累计满6年的家庭(单身人士),不得再次申请承租;单位承租廉租房给员工使用的,员工使用期限不得超过6年,如果想继续租住,并须由单位做出申请并更改居住人。

2017年2月,上海市住房和城乡建设管理委员会发布《关于进一步完善单位整体租赁公共租赁住房审核配租工作机制的通知》,规定"承租单位应认真做好所租公共租赁住房房源的分配工作,提高房源使用效率,并切实履行对入住职工的管理责任"。

2018年3月,上海市房屋管理局发布了《关于公共租赁住房租赁总年限期满退出相关政策口径的通知》,规定"公租房保障对象在本市市筹、区筹公租房累计承租或居住满6年后,不再享受公租房保障,各区住房保障机构不再受理其公租房准入资格申请",符合条件的可申请按市场化租金在公租房内过渡居住。

2019年7月,为进一步建立健全浦东新区住房保障体系,促进浦东新区公共租赁住房健康规范发展,上海市浦东新区建设和交通委员会印发了《浦东新区公共租赁住房供应管理实施细则》。上海市浦东新区公共租赁住房投资运营有限公司是浦东新区公共租赁住房运营机构,具体承担浦东新区公共租赁住房供应和经租工作。

2021年4月,为进一步健全上海市住房保障体系,规范发展公共租赁住房,解决好大城市住房突出问题,上海市住房和城乡建设管理委员会等六部门印发了修订后的《上海市发展公共租赁住房的实施意见》。同年5月,上海市房屋管理局印发了修改后的《市筹公共租赁住房准入资格申请审核实施办法》,此后上海各区相继颁布了相应的公共租赁住房的管理办法、实施意见及细则。

公共租赁房的出现,有利于解决"夹心层"的住房问题,有助于国家保障更多"低收入群体",扩大保障范围。这种"低收入群体"并不是传统意义上的低收入群体,而是暂时经济能力差、没有积蓄的居民。公共租赁房在一定意义上可以抑制市场房价的上升,利于市场房价的回落,让更多人住进自己的房屋。

3. 上海保障性租赁住房的发展

2021年6月24日,《国务院办公厅关于加快发展保障性租赁住房的意见》(国办发〔2021〕22号)印发,明确提出需加快完善以公租房、保障性租赁住房和共有产权住房为主体的住房保障体系。同年11月,上海市人民政府办公厅印发了《关于加快发展本市保障性租赁住房的实施意见》,从"强化顶层设计,统筹空间布局"的角度出发,规定"市、区房屋管理部门认定的公共租赁住房统一纳入保障性租赁住房管理,并按照本市公共租赁住房专项管理政策进一步从严管理",并"系统评估廉租住房、共有产权保障住房等住房保障制度实施情况,与保障性租赁住房有序衔接,以进一步完善符合超大城市发展规律和特点的住房保障体系",以"加快发展本市保障性租赁住房,有效缓解新市民、青年人住房困难"。

2022年1月,上海市住房和城乡建设管理委员会印发了《上海市保障性租赁住房租赁管理办法(试行)》,规定了"保障性租赁住房的供应对象是在本市合法就业且住房困难的在职人员及其配偶、子女。住房困难面积标准原则上按照家庭在本市一定区域范围内人均住房建筑面积低于 15 m² 确定。家庭人均住房建筑面积根据本人和配偶、子女拥有产权住房和承租公有住房情况核定",从供应和准入管理,租金、租期和使用管理等方面作出详细规定。

3.3 上海市租赁住房发展建设概况

3.3.1 上海住房租赁市场现状特征

1. 商品房销售面积增长放缓趋稳

2013—2019 年上海市房地产开发投资呈现上升态势,2020 年增长势头进一步提升,全年上海房地产开发投资额达到 4698.8 亿元(图 3-3)。

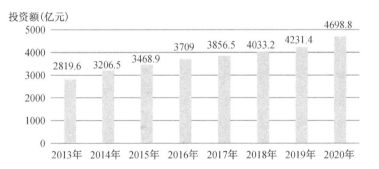

图 3-3 2013—2020 年上海市房地产开发投资额
图片来源:作者根据资料整理绘制

上海市商品房销售面积自 2017 年来明显下降,2020 年开始回暖,全年上海市商品房销售面积 1789.16 万平方米(图 3-4)。《上海市住房发展"十四五"规划》指出,"十三五"期间,房地产市场运行总体平稳,新建市场化商品住房销售约 4000 万 m², 基本稳定供应,相较于"十二五"时期新建商品住宅销售面积 8872.24 万 m² 大幅降低[1]。

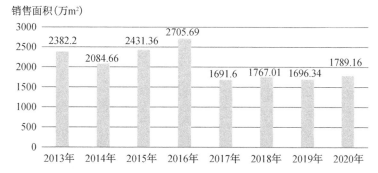

图 3-4　2013—2020 年上海市商品房销售面积

图片来源:作者根据资料整理绘制

2. 住房租赁规模巨大,市场广阔

据仲量联行房地产咨询机构发布的《乘势而上,启航新征程:中国长租公寓市场白皮书》统计,2021 年第二季度,上海品牌长租公寓存量项目约 290 个,房源套数共 7.1 万套。城市住房租赁市场规模根据当地城市租房人数、平均月租金与全国平均租房面积进行测算得出,2020 年上海住房租赁市场规模约为 1662 亿元,上海租房市场规模一骑绝尘。

2020 年 5 月,上海市房屋管理局局长王桢在发布会上表示,据抽样调查,本市户籍人口约 10%、非沪籍常住人口约 85% 有租赁居

---

[1] 参见《2022 年上海市住房租赁行业市场现状及发展前景分析　住房租赁将成为下一个房地产风口》。https://www.qianzhan.com/analyst/detail/220/220221-104f41f9.html

住需求,以此推算,本市租房人口约1000万,占到常住人口的40%,从此可以看出上海住房租赁市场广阔,有极大的发展空间。

从散租市场交易特征来看,2020年,上海市租赁住房成交户型仍以中小套型为主。成交主力户型依旧集中在一二室户型,一室户型成交比重开始上涨,占52.65%,二室户型占比略降,为38%。上海的租赁客群对户型的选择较为理性,大部分的租赁需求仍是以满足居住为主的刚性需求①。

3. 租金指数不断抬高,租房市场亟待管控

根据克而瑞租售事业部监测,2020年末上海市住房租赁租金指数呈现波动态势,但是2021年3月起,价格指数开始回暖并不断上升,2021年8月上海市住房租赁房源租金指数达到了2243(图3-5)②。

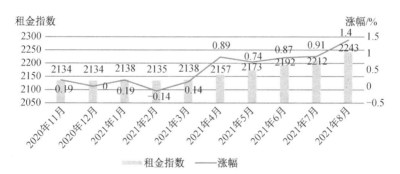

图3-5 2020—2021年8月上海市住房租赁房源
租金指数及涨幅

图片来源:作者根据资料整理绘制

---

① 参见《2022年上海市住房租赁行业市场现状及发展前景分析 住房租赁将成为下一个房地产风口》,https://www.qianzhan.com/analyst/detail/220/220221-104f41f9.html

② 同①.

3.3.2 上海租赁住房市场结构

1. 市场需求状况

《国务院办公厅关于加快发展保障性租赁住房的意见》指出，保障性租赁住房是为了解决城镇化进程加速过程中，进城务工人员、新就业大学生等新市民、青年人的住房困难问题。进城务工人员部分依靠单位的宿舍解决住房问题，他们大多没有购房资格与购房能力；新就业的大学生群体经济基础薄弱，虽然部分优秀来沪人才与达到积分条件的优秀大学生可以直接落户而拥有购房资格，但他们中的大部分人短时间内也没有购房能力，因此这两类群体是住房的主要租赁对象。一般情况下，大学毕业生和较为年轻的来沪人员工作五年后才具有购置首套房的能力，所以他们的租赁需求是较为短暂的[17]。

因此，上海的住房租赁对象群体呈现出年轻化的趋势。新市民、青年人这一群体生于网络信息化时代，强调个人体验和生活品质，他们的需求早已不局限于一个提供简单栖身之地的居所，与十年前公租房的住户在生活习惯、消费选择和社交方式上也有着诸多差异，他们对于租赁住房的品质要求有所提升，从而产生差异化需求[18]。综上所述，上海的住房租赁市场正逐步呈现出年轻化、过渡性、差异化的特点。

2. 市场供给状况

目前，上海的住房租赁市场主要房源为个人私有住房供给、政府的保障性住房和机构租赁住房，这几类房源中居民个人私房在租赁市场中所占比重最大。不过，随着国家"租购并举"政策的不断推行，大量开发商开始建设机构租赁住房，包括长租公寓在内的机构房源占比近年来呈现出不断上升的态势[19]。而近几年在供应结构上首次推出"保障性租赁住房"用地,保障属性更为清晰,占租赁住房用地总供给的28%。此外,职住平衡是上海空间规划的重要指标之一,上海市明确提出五个新城的职住平衡指数要求,从项目分布看,超过80%的供给项目位于新城区域。

(1) 个人私有住房供给

上海本地居民通过线下中介、线上租赁平台等第三方渠道将自己的闲置房源信息公开,以此种方式租赁给有需求的承租人,但由于市场信息差等因素的影响,只有极少数的房东能够直接将房屋租赁给承租人。这类房源在租赁市场中约占90%,是最主要的一种房源供给。

(2) 保障性住房供给

上海的保障性住房供给分为廉租住房、公共租赁住房、共有产权保障住房以及保障性租赁住房。2021年8月13日印发的《上海市住房发展"十四五"规划》(沪府办发〔2021〕19号)指出,到"十三五"期末,廉租住房累计受益家庭13.4万户;公共租赁住房累计供应15万套,累计受益72万户;共有产权保障住房累计签约12.8万户,住房租赁供应比超过40%。根据上海市"十四五"租赁供应计划,"重点"发展租赁住房,坚持租购并举,切实增强租赁住房,特别是保障性租赁房供应的针对性和有效性。优化从"一张床""一间房"到"一套房"的多层次租赁住房供应结构。"十四五"时期,形成供应租赁住房超过42万套(间、宿舍床位),占住房供应总套数的40%,其中,租赁房22万套(间),宿舍床位20万张。此外,继续规范代理经租住房30万套(间)。

近20年来上海一直在大力推动保障性住房建设和发展,多次放宽各项准入标准,面向不同群体增加各类保障性住房的供应量,由此可看出上海市的保障性住房仍供不应求。

(3) 机构租赁房供给

二十大报告继续明确"坚持房子是用来住的、不是用来炒的定位,加快建立多主体供给、多渠道保障、租购并举的住房制度"的方向,与十九大报告相一致。在此制度的倡导下,许多房地产机构已在上海建立机构运营租赁住房,但据链家研究院数据统计,至2017年上海租赁住房机构化占比仍不足10%。

据中国房地产业协会委托大数据公司统计,目前全国活跃的住房租赁企业超过2000家,提供的租赁住房超过300万套,在市场化租赁住房中机构化占比6%左右。而据相关研究,美国的机构持有租赁住房占比为31.1%;德国的机构持有租赁住房占比约38%;日本85%的租赁住房为个人所有,其中90%以上的私人业主委托专业的托管机构运营管理租赁住房。由此可以看出,与发达国家和地区相比,我国住房租赁机构化、专业化水平仍有较大成长空间。

通常情况下,机构租赁模式一般有两种:一种是早前上海市政府所采用的分散式租赁模式,即委托地产集团成立专门公司,集中收集市场上的零星房源,并进行标准化的改造装修,而后通过统一的平台出租给租客;另外一种是集中式租赁,即由开发企业新建或对某一建筑物进行改建,从而提供整体的租赁住房,开发企业可以通过自持或外包的方式处理其运营权,为租客提供物业、家政等配套服务。两种方式各有利弊,前者具有轻资产的优点,而后者则具有更高的收益率。

3.3.3 新的供应类型

1. 宿舍型租赁住房

在"十三五"期间,安歆、魔方等住房租赁公司均在中心城区供应并运营宿舍型或床位型租赁住房。其中,安歆公司在沪共有1.4万张床位,出租1.2万张;魔方公司在沪共有经营床位1万张。此种类型住房一般由相关公司如大型酒店、顺丰等,直接与住房租赁企业对接,实现共管,每间4~6个床位,床位租金800~1500元。为顺应经济社会发展趋势,上海自2020年起尝试拆套供应宿舍型公共租赁住房,对租赁方式和租金作出调整,如原二房可拆分供应两个家庭,相当于住房租金负担下降一半,极大地缓解了住房负担压力;同时供应人群增加,承载量增加,有助于职住平衡[20]。

2022年1月,临港新片区管委会发布了《中国(上海)自由贸易试验区临港新片区宿舍型保障性租赁住房建设管理实施意见(试行)》,为解决产业职工住房困难的实际问题,鼓励宿舍型保障性租赁住房建设,规定建设标准为人均使用面积不得低于5 m^2,每间宿舍居住人数以4人为主,不得超过8人。原则上不设单人宿舍,符合准入条件的产业园区内企业可安排本企业职工租住,并规定"租赁价格应在同地段同品质市场租赁住房租金的九折以下"。

2. 城镇人才公寓

浦东新区张江科学城于2013年推行区级人才公寓实施建设。2020年6月,松江区人民政府制定了《松江区G60科创走廊人才公寓管理实施办法(试行)》。人才公寓的一个重要来源是公租房,此外还有通过社会合作等方式筹措的存量房源,经认定后,给予非公租房型人才公寓专项补贴。松江区人才公寓还进行了其他方面的政策扶持,规定获得G60科创走廊人才积分80分以上的人才,租住二居室以上公租房型人才公寓期间,子女学前教育、义务教育阶段入学,按产权房人才同等对待。

3. 乡村人才公寓

2019年，浦东新区张江镇建设了全市首批乡村人才公寓，单间月租金在1500元左右。随后奉贤区南桥镇、宝山区罗店镇也开始建设乡村人才公寓。与外省市分散分布在农村、供应对象为农技人才相比，上海的乡村人才公寓主要在城郊区域、靠近产业园区，服务于现代服务业及制造业从业人才。目前，乡村人才公寓暂未被纳入公共租赁住房管理。

3.3.4 上海公共租赁住房的空间布局特征

1. 空间圈层性

将50套以上的建设筹措公共租赁住房项目全部落图，共计248项。通过GIS工具，分析公共租赁住房与轨道交通站点、产业园区、新城和中心城的位置关系，轨交站点和产业园区覆盖范围以600 m、1000 m、1500 m为限进行统计，结果如下：

（1）与轨道交通站点关系

公共租赁住房在轨交站点周边600 m以内的项目数量占比为19%；600～1000 m以内的项目数量占比为19%；1000～1500 m以内的项目数量占比为17%。可见，大部分房源集中在轨交站点周边1500 m以内，累计占比达55%。

（2）与产业园区关系

公共租赁住房在产业园区周边600 m以内（含园区内）项目数量占比为49%；600～1000 m以内项目占比为9%；1000～1500 m以内项目占比为12%。可见，大部分房源集中在产业园区周边1500 m以内，累计占比达70%。这些租赁住房的供应，有助于实现产业园区及周边就业人群职住平衡。

(3) 新城和中心城

公共租赁住房在中心城的项目数量占比为 34%；在嘉定、松江、青浦、奉贤、南汇五个新城范围内的项目数量占比为 21%。可见，中心城区范围内的公共租赁住房占比较高，与实际需求相匹配，新城区域还有待于进一步建设供应。

综上所述，公共租赁住房供应呈现圈层性，且点、线、面相结合。不仅有宏观尺度上的"中心城—新城"层次，也有微观地域或业态上的轨道交通站点、产业园区、集体建设用地等载体，体现了以点（单个集中式项目）、线（沿轨道交通线）、面（区域如产业园区）相结合的空间布局，与人口租赁需求总体相匹配。

2. 租金梯度性

以 2020 年 11 月供应的市筹公租房为例，建筑面积每平方米平均月租金 46 元至 87 元不等，根据区位差异浮动调整。郊区项目如晶城晶华坊租金水平较低，中心城区如耀华滨江公寓租金水平较高，公共租赁住房租金水平体现了梯度性、差异性。

供应规模较大的馨越公寓月每平方米租金为 60 元，一房 40 m^2 则月租金为 2400 元；二房 62 m^2 则月租金为 3720 元。据《2020 年上海统计年鉴》，城镇单位就业人员年平均工资 11.5 万元，若其租住馨越公寓一房，那么年租金支出占工资收入比重为 25%。据相关研究调查，来沪务工人员租金收入比约为 22%；上海等城市在 2013—2016 年城市租金收入比介于 0.2 和 0.3 之间。从时间跨度看，以新江湾城尚景园项目为例，2011 年启动供应，每平方米月租金低于 40 元；2014 年调整至 41.45 元；2020 年调整至 54.9 元（表 3-1），近 7 年的租金年平均涨幅为 4.3%，低于同期名义 GDP 年平均涨幅 5.6%。

表 3-1　2020 年 11 月市筹公租房月租金及项目位置

项目名称	月租金（元/m²）	直线距离人民广场(km)	地铁到达人民广场时间(min)
馨宁公寓	58	11.8	52
馨越公寓	60	10.3	51
馨逸公寓	78	8.7	34
馨古美佳苑	74	11.9	41
耀华滨江公寓	87	6.9	28
新江湾尚景园	55	11.7	59
上海晶城晶华坊	46	12.7	54

表格来源：作者根据资料整理绘制

3.4　上海市租赁住房设计案例分析

3.4.1　有巢国际公寓泗泾社区——创三个"上海第一"

"这是上海第一个上市供应的集体土地入市试点新建租赁住房项目，也是第一个上市供应的单地块集中选址新建租赁住房项目，更是第一个聚焦服务'五个新城'创新发展的新建租赁住房项目。"2021年3月26日，有巢国际公寓泗泾社区首批房源面向社会供应，上海市房屋管理局局长王桢用三个"上海第一"总结了该项目的特殊含义。

有巢国际公寓泗泾社区是上海市首个集体土地入市建设租赁住房项目，占地约 2.02 万 m²，它北起泗泾查袋泾，南至泗博路，东起大松瓦楞辊厂，西至米易路。社区依托轨道交通 9 号线，承接长三角 G60 科创走廊的辐射，创业园区和高科技园区环绕，租住需求较大。其高品质的房源一经推出便受到市场青睐，首批推出的 1 号楼共 280 间房已被租客锁定 200 间，达到 70% 的锁定率。

原来租住在浦东新区的许欢,因为参与有巢国际公寓泗泾社区相关项目建设,对这里的建设情况相当熟悉。他算了一笔账:"与在浦东租住农民自建房相比,有巢公寓的品质更值得信赖。而且作为年轻人,有巢独创的智慧硬件设施层、智慧软件服务层、智慧公寓生态层'智慧公寓 3i 体系'将智慧互联、人工智能与公寓服务相结合,更能吸引我。"于是许欢果断退掉了浦东新区的房子,锁定了一套面积约 60 m^2、一室一厅的住房。

吸引许欢的另外一个原因是有巢公寓的高性价比。之前他租的房子每月租金 5000 元左右,厕所等都是公用的;而现在不仅空间相对独立,社群活动更加多样,而且租金才 3000 多元,每月能省 1000 多元。"我是开车一族,工作是跟着项目跑的,住在哪里对我来说不重要,我更看重的是房屋品质和性价比。"许欢说。

有巢国际公寓泗泾社区由华润置地长租公寓品牌"有巢公寓"运营,社区离轨交 9 号线泗泾站的直线距离只有两三公里。不同于传统的长租公寓,泗泾社区营造了一个完整的居住社区模式,除了建成 5 栋纯租赁住房,还配备 1 栋商业中心,并引入超市、便利店、美发店、药店等不同业态满足居住者的日常生活需求。社区建有近 7000 m^2 组团绿地及多功能公共区域,含篮球场、樱花林、健身房、学习区等休闲娱乐空间,为居住者提供了便捷的一站式生活社区服务。

据有巢国际公寓泗泾社区店长陆秋琦介绍,泗泾社区为租客提供一室、一室一厅、两室一厅三种不同户型,建筑面积从 30 m^2 到 60 m^2 不等,月租金从 2000 元到 4000 元不等,租赁住房均为精装修,家具、家电一应俱全。在现场可以看到,公寓推出的房间虽然面积不大,但设计相当合理,以 35 m^2 的户型为例,里面开放厨房、私享阳台、干湿分离卫浴、舒适卧室等样样俱全,功能空间齐全,非常实用。

有巢国际公寓泗泾社区从 2020 年 9 月份开始接单看房,因为申请无门槛,首期推出的 280 间房子已经有 200 间被租客锁定,还有不少从市区过来的租客。陆秋琦透露,整个社区共有 825 套房源,其余房源也将陆续推出。等租客入住后,公寓还将为租客们提供接驳车服务,解决租客们出行的"最后一公里"。

华润置地华东大区党委副书记、副总经理王昕轶表示,华润置地将以有巢国际公寓泗泾社区为载体,充分发挥央企服务国家战略和创业奉献的精神,持续支撑助力长三角 G60 科创走廊建设,为长三角 G60 科创走廊的人才提供更加宜居宜业的环境,用更高的品质、更贴心的服务,不断创新租住体验、协助完善租住市场、切实做好人才安居服务。

松江是上海市唯一一个集体土地入市租赁房的试点区,区房管局副局长毛雪莲详细解释了集体土地入市租赁房项目的意义。她说,在土地总量锁定的前提下,集体土地入市建设租赁住房为租赁住房用地的建设提供了新的空间,因为这种用地项目是集中建设的,它的配套比较齐全,空间比较灵活,很受产业人才的欢迎。同时,它也盘活了集体土地资产,为农民的增收提供了新的渠道,实现了多方的共赢。

据了解,在"十三五"期间,松江区重点在一些租赁住房需求比较旺盛的产业集聚区和交通枢纽地区集中布点建设租赁住房。截至 2021 年,全区共有 5 块集体建设新建用地入市,还有一块存量的集体商办用地规划调整为租赁住房用地,总建筑面积约 35 万 m^2,可提供租赁住房约 4500 套,为长三角 G60 科创走廊的产业人才提供了安居保障[①]。

---

① 参见:《有巢国际公寓泗泾社区创三个"上海第一"》,松江报。http://www.shsjb.com/Article/index/aid/4561918.html。

3.4.2 龙南佳苑——上海/GOM 上海高目建筑设计事务所

1. 项目概况

高目建筑设计事务所自 2002 年便开始了根植于国内大环境的居住研究与城市研究。在龙南佳苑这个项目中,"围城""穿廊"等语汇被重新提出,伴随着对住宅形态的研究、城市形态的改良、公共空间的置入、住宅高度与密度对舒适度的影响等议题的探讨,龙南佳苑已然成为一种令人兴奋的中国住宅建筑新现象。龙南佳苑属于公租房类型的住宅小区,但高目建筑设计事务所希望借由公租房这一住宅类型切开中国住宅小区建设的一个缺口,以佐证和推动我国其他类型住宅设计的改良。

龙南佳苑位于上海市徐汇区天钥桥南路夏泰浜路路口,南面紧邻黄浦江(图 3-6)。小区共有 8 栋建筑,其中 5 栋为成套小户型住宅(户型建筑面积为 40~60 m²),2 栋为成套单人型宿舍(户型建筑

图 3-6 龙南佳苑东北门

图片来源:作者自摄

面积大部分为 35 m²),1 栋为独立商业建筑。从规划层面来看:在 2.2 的容积率要求下,东、西、北侧有大量现状住宅需要考虑日照影响的情况下,采用北面为 4 栋相对的 7 层 U 形半围合多层廊式住宅以回避复杂的日照计算;南面采用逐级变化的 3 栋高层住宅来减弱住宅区规划对日照计算的依赖从而更加自由,这 3 栋远离日照纠葛的高层住宅自西向东分别是 12 层的对跃小户型住宅、7~12 层的廊式小户型住宅、8~17 层的宿舍型住宅。

2. 项目特色

(1)"围城"——不同形制的围合院落空间

龙南佳苑放弃以往高层低密度的行列式住宅小区模式,探讨住宅高度与密度对居住舒适度以及景观视野的影响,形成不同高度层面的半围合和全围合院落空间。逐级跌落的屋顶平台不仅创造了丰富的屋顶活动空间,它们也是花园和观景阶梯,并且让更多的阳光照入长满花草、树木的院落(图 3-7)。

图 3-7 龙南佳苑街景

图片来源:作者自摄

(2) 住宅公共空间的营造

北侧多层区有大量架空两层的半室外空间和处在一二层的公共活动室;而住宅北廊每隔一两层都会有一个凸出的公共露台来迎接东西向的阳光。这些公共空间在小户型背景下,是廉租房建筑取得平衡和高效的一种策略。

(3) "穿廊"

在中国传统建筑的语境中,"园"与"廊"是不可分割的主题。连廊穿行于院落之间,忽明忽暗,它联系了北侧住宅的二层活动室,也为人的活动提供了除了地面之外的另一个维度。场地中位于北端的八号楼是它的一个缩影,在这里,不同层面的廊式交通空间错落交叠,它们联系了各个商业实体以及屋顶活动平台。

(4) SI(Skeleton Infill)住宅

龙南佳苑五号楼的设计最初构想来自高目建筑设计事务所的"聊宅志异"的研究成果,其意在公租房的特定背景下做一个 SI(Skeleton Infill)住宅。这缘起于建筑师在研究过程中发现了欧洲社会住宅的发展规律:在度过了社会住宅最大需求的时期之后,大量的社会住宅作为资产会被卖给一些组织作为他用——住宅、办公或者酒店等,所以后公租房时代的用途也要被充分考虑[21]。现在的公租房大多是层高在 2.7 m 到 2.9 m 的剪力墙结构,到了 20 年后的后公租房时期,改变其使用的可能性几乎没有,于是建筑师研制出了这个大混凝土框架(Skeleton)7.6 m 高、内嵌钢结构(Infill)2.8 m+2.0 m+2.8 m 的两个错跃层小户型的框架结构住宅。这个住宅除了在当下空间不大的住宅及公租房规范里挑战一下超小户型的空间变化以外,也为后公租房时代其使用的多样性提供了更多可能。

(5) 住宅日照的计算与模拟

在中国,所有类型的住宅小区设计都要满足严苛的日照要求,公租房的住宅小区设计可以适当放宽至满足 90％日照要求。日照规范无疑是对住宅形体设计、住宅建筑布局等束以枷锁。高层低密度行列式的布局是一种相对简单的处理方式,围合院落式的布局常常会加大设计的难度。龙南佳苑院落的尺度、跌落式的屋顶处理、住宅的高度、住宅平面的布局等很多时候是日照设计导向的结果(图 3-8)。日照规范在这里既是束缚,也是设计的契机①。

图 3-8　龙南佳苑立面街景

图片来源:作者自摄

---

①　参见:《龙南佳苑,上海/GOM 上海高日建筑设计事务所》,谷德设计网。https://www.gooood.cn/longnan-garden-social-housing-estate-by-atelier-gom.htm。

3.5 上海市人才租赁住房政策实施成效及发展现状分析

3.5.1 上海市人才住房政策

1. 上海市人才住房政策概况

上海人才住房政策可分为两类,一类是上海根据国家有关部门和本市发展战略制定相应的人才引进政策,在人才引进政策中提出的关于住房保障制度的意见;二是上海各区根据出台的相关政策并结合实际情况制定的相应的人才住房政策或住房保障体系。上海人才住房政策是根据人才引进政策及相关待遇标准动态变化的需求而制定的,随着各区实际情况的不同不断调整完善,目前尚未形成系统完整的住房保障体系。

有关政策具体内容如表3-2所示,中共上海市委、上海市人民政府等部门单位出台各项政策,通过多渠道建设和筹措公共租赁住房、划拨供地、增加人才公寓建设面积、提供租金补贴及优惠等方式力求破解人才阶段性住房难题,同时优化人才生活文化环境从而大力聚集高层次人才。

与此同时,上海各区级政府为了响应号召也出台了人才住房政策相关办法及意见。例如:

2011年1月1日起长宁区人民政府执行《关于人才公寓的若干意见(试行)》,有效期两年,倡导积极利用宾馆、酒店式公寓或者招待所等资源来进行人才工作经营管理,同时也倡导有条件的企业将自身闲置建筑依法改建为人才公寓。鼓励社会力量经营人才公寓:人才公寓运营企业需注册在本区,注册资金50万元以上。公寓运营企业在办理相关手续和享受法律法规政策规定的优惠时,公安、

表 3-2 上海市人才住房政策汇总

颁布时间	法规标题	相关内容	颁布单位
2010.8.25	《上海市中长期人才发展规划纲要（2010—2020年)》	(二)优化人才生活文化环境 优化居住环境。大力实施人才安居工程,多渠道解决各类人才阶段性居住需求问题。积极实施高端人才住房资助计划,对青年人才给予适当倾斜,区县应将青年人才的住房问题纳入本市公共租赁住房建设的统一规划。在产业集聚区、高科技园区、留学人员创业园区、大学园区,集中建设一批人才公寓,以低于市场价格的租金优惠租赁给区域内的引进人才。通过配建、新建和改建,多渠道建设和筹措公共租赁住房,有效解决引进人才阶段性租住需求问题	中共上海市委、上海市人民政府
2015.6.29	《关于深化人才工作体制机制改革促进人才创新创业的实施意见》(沪委办发〔2015〕32号)	(十八)优化人才生活保障 破解人才阶段性住房难题。继续推进政府主导的公共租赁住房建设。规范和优化外环内商品住房项目中配建不低于5%的保障房主要作为面向社会的公共租赁住房使用。鼓励人才集聚的大型企事业单位和产业园区利用自用存量用地建设公共租赁住房(单位租赁房),采用划拨方式供地,并可适当突破面积7%的限制。鼓励区县、产业园区和企业向体制外优秀科技创新创业人才提供租房补贴。对达到上海市居住证积分标准分值且缴纳个人所得税达到一定数额或职工社会保险缴费基数达到一定标准的非沪籍人员,定向微调住房限购政策	中共上海市委、上海市人民政府办公厅

(续表)

颁布时间	法规标题	相关内容	颁布单位
2016.9.15	《上海市人才发展"十三五"规划》	(四)优化人才生活环境。鼓励人才集聚的大型企事业单位和产业园区平台利用自用存量工业用地建设人才公寓(单位租赁住房)等配套服务设施,鼓励用人单位实施人才住房资助计划	中共上海市委办公厅、上海市人民政府
2016.9.26	《关于进一步深化人才发展体制机制改革加快推进具有全球影响力的科技创新中心建设的实施意见》(沪委发〔2016〕19号)	(二十八)营造人才宜居宜业环境。破解人才阶段性住房难题。加大保障房配建、集中新建、代理经租等公租房筹措力度。规范优化外环内商品住房项目中配建不低于5%的保障房主要作为面向社会的公共租赁住房使用。鼓励人才集聚的大型企事业单位、产业园区平台利用自用存量工业用地建设人才公寓(单位租赁住房)等配套服务设施,人才公寓等配套服务设施建筑面积占项目总建筑面积的比例由7%提高到不超过15%。鼓励各区、产业园区和用人单位向优秀科技创新创业人才实施租房补贴、购房贷款贴息等形式的人才住房资助	中共上海市委、上海市人民政府

表格来源:作者根据资料整理

规划、房管、工商、税务、消防等职能部门开辟"绿色通道",提供便捷优质的服务。鼓励有需要的企业积极出资参与建设人才公寓。

2011年9月,闵行区人力资源和社会保障局、闵行区住房保障和房屋管理局发布了《闵行区人才公寓操作办法》,在筹措方面规定"区人才公寓按照指令性安排和市场化租赁相结合的原则组织落实。指令性安排通过'政府出资购买,各大园区自主开发,社会资本投资建造'等渠道筹措房源。各园区、社会资本投资建造的人才公寓,原则上应用于人才住房租赁;由各产权单位负责制定租赁方案,报区人才公寓办备案。区人才公寓办遵循方便、就近和个人意愿的原则,首先确保政府回购的人才公寓的入住率[22];如政府回购的人才公寓房源不能满足需求,经区人才公寓办同意,可在本市范围内选择市场化租赁,按人才公寓补贴标准执行"。2015年11月,相关部门颁布了《闵行区关于促进创新创业人才发展的政策意见》,强调加强人才住房保障,"聚焦重点区域,规划建设公共租赁房(含人才公寓)、酒店式公寓等,满足多层次的人才住房需求"。2016年4月,相关部门根据《闵行区关于促进创新创业人才发展的政策意见》制定了《闵行区关于人才公寓的操作细则》,为不同层次的人才制定了明确的资助标准。

2013年4月15日,上海市嘉定区人民政府办公室印发了《嘉定区人才公寓建设和管理实施意见(试行)》,提出"不断健全和完善本区人才住房'配售、补贴、配租'三位一体的格局",以"政府主导、社会参与、市场运作、只租不售、周转使用"为指导原则。其中房源筹措包括区级人才公寓、街镇人才公寓和市场化人才公寓,鼓励社会力量参与人才公寓建设工作。

2015年3月10日,中共上海市黄浦区委组织部、上海市黄浦区人力资源和社会保障局、上海市黄浦区住房保障和房屋管理局、上海市黄浦区财政局、上海市黄浦区金融办公室印发了《黄浦区人才公寓实施办法(试行)》,规定其原则为"政府支持、机构运作;规范管理、只租不售;区分层次、专业服务";并将人才公寓进行分类,规定"本区的人才公寓建设针对供应对象和房源状况,实施分层次的供应。分别为面向一般人才的经济型酒店式人才公寓、面向骨干人才的舒适型人才公寓和面向高层次人才的居家式高端人才公寓"。政府采取政策扶持、专项投入等方式,由专业运营机构通过各种渠道筹集并经营管理。

2017年9月，中共青浦区委办公室、青浦区人民政府办公室印发《青浦区人才公寓供应实施办法（试行）》（青委办〔2017〕51号），着重缓解区内高层次人才以及重点企业、重点项目中引进人才的阶段性居住困难，并将供应对象分为优先供应的对象、优先供应的单位以及一般供应对象，制定了相应供应原则。2021年3月，在沿用前述政策的基础上，青浦区人力资源和社会保障局颁布了《青浦区人才安居工程实施办法》，对人才公寓政策进行了适当补充，将人才公寓的申请范围扩大到"长三角地区柔性流动人才"，增加了"人才公寓专项补贴"政策。

通过总结各区人才住房实施细则可以看出，各区为吸引聚集人才以及解决人才住房问题而采取的措施大体包括两类：现金补贴和人才公寓。如表3-3所示，在统计的15个区中每个区都会为人才提供现金补贴或资助；同时部分区域会为人才供应人才公寓；由于土地资源等因素限制，其他部分区域会以补贴的形式代替提供人才公寓来缓解人才住房问题。

表3-3 上海市部分区级人才住房政策分类

区	人才住房政策
嘉定区	安家补贴、购房货币化补贴（住房配售政策调整）、租金补贴、人才公寓
浦东新区	人才公寓、安家补贴、租金补贴
闵行区	购房补贴、租金补贴、人才公寓
杨浦区	安家补贴、租金补贴、购房补贴
长宁区	租金补贴、人才公寓
普陀区	购房补贴、奖励住房或住房补贴、租金补贴

(续表)

区	人才住房政策
宝山区	租房资助、购房资助
虹口区	安家费补贴或购房补贴、房租补贴、公共租赁房
松江区	购房补贴、租金补贴
奉贤区	一次性货币补贴(住房配售政策调整)、租金补贴
徐汇区	安家补贴、人才公寓
金山区	租金补贴、人才公寓
黄浦区	安居补贴、租金优惠、人才公寓
青浦区	租金优惠、人才公寓、购房补贴、租房补贴
崇明区	提供为期5年的公共租赁房或租房补贴、购房优惠、住房补贴、人才公寓

表格来源：作者根据资料整理

结合前述租赁住房政策可以看出，在持续探索下，人才租赁住房保障的覆盖面逐步扩大，成为上海住房保障体系中十分重要的一环，各区针对不同层次的人才针对性地制定了住房保障政策，一定程度上解决了部分人才居住问题，使得新市民、青年人等群体从中受益，为人才创造安居乐业的生活环境。

2. 人才住房新政在租赁住房方面的实施成效

2015年5月以来，上海先后出台"科创中心22条"和"人才20条"，在这些新政实施期间，相继推出30多项配套细则。2016年9月25日，上海市委及市政府发布"人才30条"，对上海以往的人才政策进行了补充使之更加开放完善，逐步提升吸引聚集人才能力，以便为上海全球科创中心建设提供坚实的人才保障及智力支撑。人才住房新政的实施在租赁住房方面的成效主要有以下3个方面：

(1) 政府主导的公共租赁住房建设继续推进

十九大以来,上海继续鼓励人才集聚的大型企事业单位和产业园区利用自用存量用地建设单位租赁房。

(2) 鼓励各区和各产业园区积极为科研人员创新、创业提供人才公寓和住房补贴

"十三五"期间,各区根据相关政策及实际情况详细制定了人才住房的实施管理办法,通过实物配租及货币配租等方式逐步扩大人才保障覆盖面,细化、放宽人才政策,有效地为城市发展留住人才,使不同层次的人才能够安居乐业。

(3) 人才住房模式逐渐丰富多样

除了配建配售模式、新建公寓模式、改建公寓模式、货币化补贴模式、资源整合模式外,还探索了代理经租新模式。

3.5.2 上海市人才租赁住房发展现状

1. 公共租赁住房发展现状

上海市的公租房包括市筹公共租赁房、区筹公共租赁房、单位租赁房。其中单位租赁房包括企事业单位宿舍、产业园区租赁房、农村集体土地租赁房。单位租赁房主要用来保障人才和务工人员的住房需求。其中,引进人才以整套人才公寓为主,住房条件较好,租金较高;外来务工人员以单位租赁房(集体宿舍)为主,住宿条件相对来说较为简陋,租金较低。到"十三五"期末,公共租赁住房累计供应15万套,累计受益72万户。

2. 人才专项住房——人才公寓建设现状

目前主要用于保障青年人才住房需求的是人才公寓。它是指专项用于解决引进人才的就业与居住生活的配套性租赁公寓,旨在为引进人才提供在某地创业的短期租赁和过渡周转用房。人才公

寓按照"政府引导、财政支持、市场化运作、社会化管理""市场价、明补贴、有期限"和"轮候补租、契约管理、只租不售"的原则进行租赁和管理,辅之以社会闲置房作为补充。通常是限定租期,高级人才入住附带政府补贴。目前上海各区积极响应2020年12月中央经济工作会议提出的"高度重视保障性租赁住房建设",加大人才住房建设力度,在区政府实际工作中,人才公寓开始融入保租房、公租房的体系。例如:

2018年,虹桥商务区修订并发布《虹桥商务区人才安居房源配租管理规定》;同年2月,虹桥商务区宣布推出首批1600余套人才租赁住房,包括旭辉人才公寓、乐贤居人才公寓(一期);两年后,为80家企业配租了1367套人才公寓。此后每年都可看到虹桥商务区或"大虹桥"板块新建、新增人才公寓的新闻。最近的消息是,长宁区正在建设中的虹桥人才公寓,将提供5300余套公寓,是上海市单项在建规模最大的保障性租赁住房项目。

黄浦区针对金融服务业、文化创意产业、专业服务业等人才建设了首个高端人才公寓——中华苑人才公寓,它也是上海首个市、区联动的金融人才公寓试点项目。该人才公寓不仅嵌入了人才窗口接待区,配送市、区人才政策咨询资料和社区事务受理终端平台一体机,让社区事务办理预约、人才政策咨询等事项在楼内即可"一站式"解决,还在公共区域打造"大客厅",引入各类丰富活动,让人才成为"一家人"。此外,还有专业顾问队伍定期开展组团问需,帮助人才解决后顾之忧。

徐汇区"十四五"期间将建立预计总量达3.2万套(间)、建筑面积超百万平方米的保障性租赁住房作为"人才安居租赁房源库",其中1万套(间)将择优认定为市级或区级人才公寓。有关土地资源方面,徐汇区住房保障和房屋管理局负责人表示,徐汇的公租房项目具有起步早、非居转改项目成型快、新建 Rr4（用地性质为四类住宅组团用地）项目规模大等特点。目前，全区已建立起以保障性租赁住房为底数、市场化租赁住房为补充的人才安居租赁房源库，正广泛遴选匹配房源服务区域的人才。据悉，自 2017 年在上海率先发布《徐汇区人才租房补贴实施细则》《徐汇区人才公寓管理办法》2 项人才宜居政策以来，徐汇区已先后认定龙南佳苑、田东佳苑、永嘉路 492 弄嘉园作为区级人才公寓。2021 年，临近漕宝路地铁站的 510 余套绿地集团租赁住房项目被纳入上海市人才公寓体系；2022 年，漕河泾街道城开租赁住房项目、仪电租赁住房项目预计最快将于年中上市供应。

闵行区 2022 年 1 月发布《闵行区关于建设人才引领高质量发展高地的实施意见》，集中推出 14 个区级人才公寓项目，共 1 万余套。闵行区表示，全区还将在五年内新建、筹措 5 万套人才公寓。闵行区房管部门已将人才公寓房源和公租房房源进行统筹，人才公寓不再集中于一处，而是随公租房的布点分散供应，形成"公租房布点到哪里，人才公寓就布点在哪里"的格局。

普陀区提出，将在现有 5000 余套人才公寓的基础上实现总量翻番，突破 1 万套。

3.6 上海市租赁住房政策对我国大城市租赁住房发展的启示

3.6.1 动态调整的多层次租赁保障体系

上海在住房保障的持续探索中逐渐形成了四位一体的住房保障体系，从最初针对收入困难、居住困难家庭的廉租房到面向"夹心层"的公租房,再到服务于新市民、青年人的保障性租赁住房,住房保障的主体逐渐多样化,准入条件根据实际需求调整放宽,覆盖面也不断增加。

在具体的补贴方式上,上海实现从"实物配租"到"现金配租",从征集房源到提供补贴或者租售优惠的转变,现金补贴的方式更加灵活高效,弥补了市场自身调节的不足,降低了房地产开发商占用补贴资金的风险,也有利于退出机制的简化,政府监管更加便捷,监督成本在一定程度上有所降低。

在供给类型上,随着供应群体逐渐年轻化,单人小户型的房间推陈出新,在社区内也更加注重公共环境的塑造,满足青年人在社交、娱乐等生活方面的需求,积极创造具有吸引力的文化生活环境。而对于企业职工,宿舍型的保障性租赁住房日益增加,以满足"一张床"的居住需求;出台相关政策鼓励各单位、企业、机构合理利用现有土地资源建设宿舍型租赁住房,面向本企业员工集中供应。多层次租赁住房体系的不断完善在一定程度上缓解了上海的住房问题。

3.6.2 多元化人才类型的针对性举措

在外来常住人口占比不断增加的上海,住房保障是吸引、聚集人才,留住人才的关键一环,上海市政府及各区相关部门积极出台人才住房政策保障各类人才安居乐业。不同收入层级的人才存在着多样、多层次的住房消费需求,因此在人才政策方面,上海对不同层次的人才进行了详细的分类,坚持货币补贴为主、实物支持为辅的住房保障原则,并不断加大以政府为主导的公共租赁住房的新建、改建及转化力度,同时覆盖城镇、乡村等地的人才住房需求,并鼓励人才集聚的事业单位、研究机构以及产业园区利用自用存量用地建设单位租赁房、人才公寓等。

人才保障性住房采用分层供给、轮候获得的方式,有助于用有限的资金更大程度地满足不同层次人才对住房的需求,有效应对"住房过滤现象",使住房资源能够轮换提供给更低收入层次的群体,将效益最大化。

参考文献

[1] 冯新春. 改善上海市外来常住人口住房供给研究:基于政企合作的视角[D]. 上海:上海交通大学,2019.

[2] 汤顶华. 快速城市化进程中大城市新城发展与住房保障的互动关系研究[D]. 南京:东南大学,2019.

[3] 袁蕾. 中国特大城市新城规划与实践:以北京、天津、上海、广州新城建设为例[J]. 城市管理与科技,2016,18(6):30-33.

[4] 沈皓彬. "十四五"时期上海租赁住房发展的趋势特征:基于规划纲要的分析研究[J]. 上海房地,2021(7):13-16.

[5] 李林晴. 1998年来上海政策性住房建设评述[D]. 北京:清华大学,2016.

[6] 宋明星. 基于城市关联性的保障性住房发展历程与设计策略研究[D]. 长沙:湖南大学,2016.

[7] 张永岳. 上海:住房保障体系的建设与发展[J]. 北京规划建设,2007(4):23-25.

[8] 王小青. 上海市廉租房政策执行的现状分析及改进研究[D]. 上海:上海交通大学,2020.

[9] 赖高飚. 上海市廉租住房政策实施现状与问题研究[D]. 上海:华东师范大学,2010.

[10] 郭琰. 上海优秀人才住房政策执行研究[D]. 上海:东华大学,2017.

[11] 李婉婉. 上海廉租房承租人退出与衔接模式研究[D]. 上海:上海工程技术大学,2019.

[12] 傅益人.上海住房租赁市场的问题与发展对策研究[J].上海房地,2018(6):14-17.

[13] 刁文浩.上海保障房制度运行机制及优化研究[D].上海:上海工程技术大学,2021.

[14] 龙腾,万勇.超大城市公共租赁住房供应优化研究:以上海为例[J].建筑经济,2022,43(1):76-83.

[15] 石忆邵,钱世芳.上海人才住房政策:新定位与新策略[J].同济大学学报(社会科学版),2017,28(3):59-65.

[16] 王婧媛.上海人才住房政策实施效应评价[D].上海:上海工程技术大学,2020.

[17] 冯文心,诸翰飞.基于青年人的需求探讨保障性租赁住房低层高密度空间形态的合理性:以上海为调研中心[J].建筑与文化,2022(7):22-24.

[18] 曾明星,薛琪薪,李安琪.人才新政背景下上海人才居住困境及保障性住房机制研究[J].中国人事科学,2020(9):67-78.

[19] 蔡军.上海公共租赁住房政策体系研究[J].上海房地,2014(8):24-27.

[20] 王月坤.上海市人才公寓住户满意度评价研究[D].上海:上海工程技术大学,2019.

[21] 彭秀明.上海市公共租赁住房供需研究[D].上海:上海工程技术大学,2013.

[22] 俞振宁.上海促进保障性租赁住房高质量发展的思路和举措[J].科学发展,2022(6):101-106.

第四章

深圳市保障性租赁住房发展模式

4.1 深圳市概况

4.1.1 地理位置

深圳位于华南地区,广东南部,珠江口东岸,东临大鹏湾、大亚湾,西濒伶仃洋、珠江口,南部隔河与香港相望,北部与东莞市、惠州市相接,是广东省所辖地级市、副省级市,国务院批复确定的中国经济特区、全国性的经济中心大城市,国际化的大都市、科技创新中心城、区域金融中心。深圳市下设九个区和一个新区,总面积 1997.47 km²,建设区面积 927.96 km²。据全国第七次人口普查资料,截至 2020 年 11 月 1 日,深圳市共有 1767.38 万名居民。2020 年,深圳市的经济总量达到 30 664.85 亿元。

深圳市 1979 年成立,1980 年成为中国首个经济特区,这使得它在中国的经济发展和人口流动中起到了重要作用,其以"深圳速度"著称,并享有"中国硅谷"的美誉。

4.1.2 人口概况

深圳的诞生伴随着中国的改革开放,是典型的人口外来城市。1979 年深圳市成立,1980 年深圳摇身一变,成为特区。深圳市自建市以来,仅用了 40 多年,就从一个广东省的边境小城,发展成为如今的国际大都市。在经济飞速发展的同时,深圳市也成为我国大量人口的主要流入地,并实现了人口的迅速增长。仅在短短的 40 年时间里,深圳的常住人口规模数就由 1979 年的 31.4 万人,增长至 2021 年的 1768.16 万人,一跃成为国内少数的人口数量超大城市之一。

1. 人口发展的基本趋势

从40多年来的人口发展情况来看,深圳是全国人口增长最快的地区。深圳在改革开放之初,还只是一座小渔村,人口也不过30多万。然而,随着我国改革开放的深入,其对外来人口的吸引力持续增强,90年代深圳市的人口总量开始快速增长,1990年,人口总数达到167.78万人,2000年增加到701.24万人,每年平均增加50万人。自21世纪开始,深圳市的常住人口由于经济发展条件的吸引而不断增加,到了2010年,其总人口达到1037.2万,突破了一千万①。

随着"十二五"规划的实施,深圳市工业结构的转型升级压力加大,人口流动的分化更加突出,人口增长速度也在逐步减缓。但近年来,深圳市政府注重发展人口和人才,制定了一系列的人才政策,使深圳的常住人口规模和数量都出现了快速增长的趋势。从数据来看,2015到2018年,深圳市的常住人口规模分别为1137.9万人、1190.8万人、1252.8万人与1302.7万人,可看出深圳市的常住人口数量年均增长约50万人。2018年深圳市的常住人口数量达到建市初期的39倍。

近两年来,深圳常住人口数量的增速有所放缓,2020—2021年常住人口规模分别为1763.38万人、1768.16万人(图4-1、表4-1)。深圳市目前正大力推进户籍制度改革,以吸引大批高学历、高技能人才;同时加强对城市外来人口的管理,推动高素质、高学历的外来务工人员的安置,解决新市民和青年人的住房问题。

---

① 数据来源于深圳市统计局网站。http://tjj.sz.gov.cn/

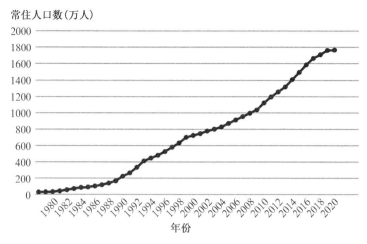

图 4-1 深圳市每年常住人口
图片来源:作者自绘

表 4-1 近年来深圳市常住人口数

年份	常住人口数(万人)
2021	1768.16
2020	1763.38
2019	1710.40
2018	1666.12
2017	1587.31
2016	1495.35
2015	1408.05
2014	1317.86

表格来源:作者根据资料整理绘制

2. 人口规模数量

深圳市内的人口数量增长主要来源于大规模的人口迁移。1979年,深圳市流动人口仅仅为0.15万人,经历了20世纪80年代的逐渐增长后,在1990年数量达到了99万。自20世纪90年代以来,受社会主义市场经济体制的影响,深圳市流动人口的规模快速壮大,于1993年上升到了300万人,进入1999年更是达到了500万人。直到2000年,流动人口数量达到了576.3万人。由此可看出,1990—2000年,流动人口数量年均增长47.7万人[1]。进入21世纪之后,深圳市的人口流动仍然很频繁,2002年超过600万人,2008年超过700万人,到2010年达786.2万人。虽然进入"十二五"以来,深圳市的流动人口数量有所下降,但近年来又呈现出反弹态势。从2016年来看,流动人口数量已经超过了800万人,在2018年更是达到848万人(图4-2)。

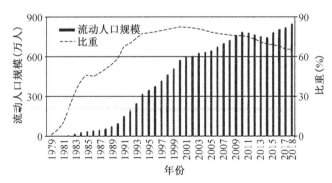

图 4-2　1979—2018年深圳市流动人口规模及其比重变化

图片来源:刘厚莲,韩靓. 深圳市人口空间分布及其优化路径[J]. 城市观察,2019(6):59-69.

3. 人才引进政策

深圳一直以来都高度重视对人才的引进,为此出台了一系列具有吸引力的人才政策,建设了人才服务的平台,吸引高素质、高学历、高技能的人才,以达到优化人口素质结构的目的。如2011年4月,深圳市为吸引人才而出台了《关于实施引进海外高层次人才"孔雀计划"的意见》和5个配套文件,提出对外来引进的海外高层次高文化的人才,政府给予80万～150万元的补贴,可同时享受居留和出入境、落户、子女入学、配偶就业、医疗保险等方面的待遇政策等。在此后10年时间里,"孔雀计划"帮助深圳市吸引了大批量的人才,使得全市的高层次人才超过了1.9万名,人才也成为经济特区建设的主要中坚力量。之后,深圳市于2016年出台《关于促进人才优先发展的若干措施》,给各类人才"松绑",解决人才住房问题以及对人才服务的问题。举例来看,如果为全日制的本科学历的大学毕业生在深圳落户,即可获得一次性的租房和生活补贴,同时还可以申请深圳市的公共租赁住房轮候。深圳还通过各种手段,如建设国家重点实验室以及国家实验室等各类高端科技创新平台,为科技创新人才提供发展平台,强化对高端人才的吸引力。

大量的人才导致深圳市人口不断激增,对深圳市的住房管理以及土地利用提出了挑战。

4.2 深圳市住房政策的历史演变

4.2.1 1979—1987年:人口激增,住房制度改革迫在眉睫

1979年的春天,邓小平在中国的南海画了一个圈,使深圳成为我国改革开放的第一批试点城市之一,也成为我国所设立的第一个经济特区。经济的快速发展,使得大量人口涌入深圳参加经济特区建设,导致还在建设中的深圳自1983年起人口数量猛增,到1987

年末,深圳市常住人口已经突破百万,达到 105.44 万人,其中,非深圳户籍常住人口近 50 万人。这期间,深圳的经济与各项基础设施建设飞速发展,同时,为了解决人口居住的问题,深圳市投入大量的资金兴建住房,住房投资可占当时国民收入(110 亿元)的 20.36%。但由于计划经济体制下的福利住房制度存在着根本的缺陷和诸多弊端,以及人们没有形成正确的住房消费理念,导致住房与人口的问题仍然无法解决,甚至已经发展到无法承受的地步,住房问题到了必须改革的时候。

4.2.2 1988—2002 年:全国首提"以卖为主、鼓励买房"

深圳这座城市的灵魂一直以来就是改革创新。在中国,深圳可作为住房改革的先锋城市,为了解决日益严重的人口与住房问题,深圳最早启动了住房制度改革。1988 年 6 月,深圳先于全国 10 年,率先启动"第一次房改",召开了"深圳市住房制度改革动员大会",在我国房改并没有总体规划的前提下,率先出台了住房改革的方案——《深圳经济特区住房制度改革方案》以及 9 项配套细则,要求改革必须坚持市场化的方向,以住房商品化为突破口,取消原有的福利分房,冲破计划经济体制的束缚。该方案也是我国第一个地方性的房改文件,主张"以租促售,以卖为主,积极鼓励职工买房"。它建立了一种新的住房供应模式——"双轨三类多价制"。"双轨"指住房供求模式:一是政府投资建房,出售给党政机关事业单位职工和部分企业职工;二是房地产公司投资建房,通过市场租售。"三类"则是指住房包括微利价安居房、成本价安居房以及市场商品房。成本价安居房、微利价安居房和市场商品房在供求对象、土地政策、价格政策、产权管理等方面有所差异。该方案的出台,有效解决了相当长一个时期全社会的住房问题,不仅满足了深圳不同群体不同层次的住房需求,维持了深圳商品房价格长期的稳定性,同时推动了深圳房地产市场与全中国的房地产市场的发展与稳定[2]。

4.2.3 2003—2010年:方向偏离,各类矛盾凸显

1. 历史遗留问题

在2003年之前,深圳的住房改革基本上是成功的,但毕竟是20世纪出台的政策,难免会受限于认识水平、社会结构以及经济发展状况等,导致深圳的住房改革制度还是存在一些局限性和缺点,并且遗留了一些历史问题,包括政策覆盖面不全、结构存在漏洞、偏重于户籍人口等。经过多年的发展,人口倒挂结构已经非常明显,且非常严重,同时深圳的人口数量还在持续增加。

在这种情况下,及时对深圳人口结构等新情况进行摸底,并根据新情况对已执行多年的房改方案进行优化和升级,就显得非常迫切。为此,2003年的6月,深圳市又出台了标志着住房改革路径转变的新政策——《深圳市机关事业单位住房分配货币化改革实施方案》。

2. 中低收入者买不起房

根据测算表明:一户家庭拿3~6年的收入购买住房是最合适的,住房价格与家庭年收入比保持在3∶1至6∶1之间,居民才有足够的购房支付能力。这在发达国家也是最普遍的。而此时,深圳市人均房价和收入之比已达到13.57∶1,在低收入家庭中甚至高达19.87∶1。不难看出,中低收入者购买商品房显然相当困难。

保障住房由于保障的力度和范围过于狭小,没有全面起到住房保障作用,也未能缓解住房市场供应的压力。为此,深圳市于2007年提出了《关于进一步促进我市住房保障工作的若干意见》,明确提

出住房保障体系的总体要求:一是与城市财力和土地资源承载能力相适应;二是与产业政策和人口政策相衔接;三是与经济发展和社会保障的整体水平相协调;四是扩大基本保障范围,做到"应保尽保、全面覆盖";五是要符合深圳实际,促进城市发展。

2010年深圳市又出台了《深圳市保障性住房条例》,对保障性住房建设作出几点规范,包括价格、准入、退出、用地、监管机制以及资金等方面,率先从法律的角度规范、完善了住房保障制度。

4.2.4 2011—2016年:纠偏并拨正方向

前期出现的诸多问题,给深圳市带来了巨大的压力,为此,深圳市从2011年开始进行方向性纠偏。首先还是从顶层战略和制度设计上开始。自2011年起,深圳先后出台了《深圳市人才安居暂行办法》《深圳市安居型商品房建设和管理暂行办法》等。

通过这些举措,深圳住房制度改革的方向暂时得到了修改与矫正,深圳市的住房保障性功能得到了加强,使高房价以及人才住房问题在一定程度上得到了解决。

4.2.5 2017年后:回归初心,以保障体系为主

2018年8月,深圳市政府发布《深圳市人民政府关于深化住房制度改革加快建立多主体供给多渠道保障租购并举的住房供应与保障体系的意见》(下称《2018住改意见》)。这标志着深圳的住房制度改革又回归到20世纪80年代改革的目的——以保障性住房为主导。

为确保《2018住改意见》顺利执行,2019年4月,深圳市政府集中发布了《深圳市安居型商品房建设和管理办法(征求意见稿)》《深

圳市人才住房建设和管理办法(征求意见稿)》,此外,2019年6月,深圳市住建局发布《深圳市人才住房和保障性住房建设标准(征求意见稿)》,对具体住改策略和执行方法等都进行了优化和升级。同年还发布了《深圳市公共租赁住房建设和管理办法》,明确新时代深圳市公共住房制度体系的具体内容,构建深圳市公共住房制度体系的重要内容。

2020年3月,深圳市住房和建设局发布了《深圳市人才住房和公共租赁住房筹集管理办法(试行)》,规定住房的筹集主体不应仅限于区住房主管部门、人才住房专营机构,也应包括区政府指定的区属国有企业;充分发挥各类主体在筹集工作中的作用,有力推进住房筹集工作的进行。

为进一步规范和指导公共租赁住房的收购工作,2021年深圳市住房和建设局在《深圳市保障性住房收购操作规程》的基础上,通过深入调查和研究,又制定了《深圳市公共住房收购操作规程》,进一步明确公共住房收购价格标准和收购工作要求,以更好地督促和监管公共住房收购行为。

时至2021年,深圳市常住人口已经超过1700万,户籍人口则仅有约500万,因此,新时期的住房改革仍迫在眉睫,这是未来深圳留住人才从而永葆城市活力的关键,更是深圳建设社会主义先行示范区的重要必答题(表4-2)。

表4-2 深圳市住房政策发展阶段及政策重点

时间	阶段特点	政策重点
1979—1987年	人口激增,住房制度改革迫在眉睫	1985年《深圳经济特区行政事业单位干部职工住宅商品化试行办法》,提出大幅提租,鼓励家庭住房消费,树立商品住房观念,先行探索住房商品化改革

(续表)

时间	阶段特点	政策重点
1988—2002年	全国首提"以卖为主、鼓励买房"	1988年《深圳经济特区住房制度改革方案》：建立了以"补贴提租、鼓励买房、建立基金、新房新政策、住宅区管理社会化、企业化、逐步实现商品化"为基本思路的新住房体制。 1989年《深圳经济特区居屋发展纲要》：建立"双轨三类多价"住房供应模式，由市房管局提供给党政事业单位职工福利商品房，按照准成本价或全成本价出售；提供给需要扶持的企业职工微利商品房，以微利价出售。 1999年《深圳市国家机关事业单位住房制度改革若干规定》：加快住房社会化和商品化进程，规范各级干部职工住房面积标准、住房价格等。解除安居房产约束，使职工房改购买的安居房可以进入市场
2003—2010年	方向偏离，各类矛盾凸显	2003年《深圳市机关事业单位住房分配货币化改革实施方案》：全面实行住房分配的货币化，停止为机关或者事业单位的职工建设和分配微利房，符合条件的职工家庭可以申请购买经济适用房，努力解决包括暂住人员在内的中低收入群体的住房问题。 2007年《关于进一步促进我市住房保障工作的若干意见》明确提出住房保障体系的总体要求：一是与城市财力和土地资源承载能力相适应；二是与产业政策和人口政策相衔接；三是与经济发展和社会保障的整体水平相协调；四是扩大基本保障范围，做到"应保尽保、全面覆盖"；五是要符合深圳实际，促进城市发展。 2008年《深圳市高层次专业人才住房解决办法(试行)》制定了高层次专业人才的标准和分类，实行购房补贴、租住人才公寓、租房补贴等解决办法。 2010年《深圳市保障性住房条例》对保障性住房建设作出几点规范，包括价格、准入、退出、用地、监管机制以及资金等方面，率先从法律的角度规范、完善了住房保障制度

(续表)

时间	阶段特点	政策重点
2011—2016年	纠偏并拨正方向	2011年《深圳市人才安居暂行办法》明确提出要把人才列为公共住房政策的重点对象，着力解决其安居问题。 2011年《深圳市安居型商品房建设和管理暂行办法》对安居型商品房的建设、用地、开发及销售、管理作出详细规定，将安居型商品房建设和管理进一步细化。 2012《深圳市住房保障制度改革创新纲要》进一步完善与规范住房保障体系，明确提出减少直至停止经济适用住房建设与供给，以公共租赁住房和安居型商品房作为住房保障的基本模式。 2016年《关于促进人才优先发展的若干措施》逐步形成了具有深圳特色的吸引人才安居的政策体系
2017年后	回归初心，以保障体系为主	2018年《深圳市人民政府关于深化住房制度改革加快建立多主体供给多渠道保障租购并举的住房保障与供应体系的意见》提出了人才住房、安居型商品房、公共租赁住房各占住房总量的20%，扩大了公共住房的供给。拓宽了公共住房的建设筹集渠道，提出了"六类十五种"建设途径。促进住房分配管理公开、公平、公正。 2019年《深圳市公共租赁住房建设和管理办法》明确新时代深圳市公共住房制度体系的具体内容，构建深圳市有关公共租赁住房制度体系的重要内容。 2020年《深圳市人才住房和公共租赁住房筹集管理办法（试行）》为深圳市人才住房和公共租赁住房的筹集管理工作，提供重要的制度指导和技术支持，为构建深圳市住房供应与保障体系作出积极贡献。 2021年《深圳市公共住房收购操作规程》进一步明确公共住房收购价格标准和收购工作要求，更好地规范和指导公共住房收购行为

表格来源：作者根据资料整理绘制

4.3 深圳市住房发展建设概况

深圳市住房主要分为商品住房与保障性住房。2021年以来,按照住建部、住建厅和市政府关于深圳市住房保障体系要与国家全面衔接的相关要求,将深圳保障性住房体系由此前的以公共租赁住房、安居型商品房、人才住房为主,调整为以公共租赁住房、保障性租赁住房、共有产权住房为主。其中公共租赁住房和保障性租赁住房都是住房保障体系的重要组成部分[3]。为了有针对性地反映出深圳租赁住房发展的实际状况,结合共同富裕下深圳住房发展目标与内涵,本文选取了公共租赁住房、保障性租赁住房两个层面,对深圳住房发展的现状与特点进行描述。

4.3.1 公共租赁住房

1. 公共租赁住房的概念

公共租赁住房(简称公租房)是指由政府带头牵引做投资、建设和治理,或由政府出台政策支持,其他各类主体投资筹集、统一纳入政府的管理,限定建设标准和租金水平,租赁给符合条件的城镇中等偏下及以下收入住房困难家庭、新就业无房职工和在城镇稳定就业的外来务工人员的保障性住房。

2. 深圳市公共租赁住房政策背景

就国内而言,"公共租赁住房"的概念最早在深圳出现,2006年,深圳便创建了"公共租赁住房"。深圳在2006年9月23日颁布的《深圳市住房建设规划(2006—2010)》中明确提出,"十一五"规划期间将建设保障性住房770万m^2、14万套,其中经济适用住房200万m^2、2.6万套;公共租赁住房(含廉租住房)570万m^2、11.4万套。

第四章 深圳市保障性租赁住房发展模式

2007年后,是我国房地产市场高速发展时期,随着住房制度的改革和房地产事业的发展,住房市场化带来的住房市场供求结构失衡进一步加大。沿海城市的人口数量不断增加,住房问题愈发突出。2007年,国务院下发了《国务院关于解决城市低收入家庭住房困难的若干意见》(国发〔2007〕24号),进一步提出了关于健全城市廉租住房的制度,以及改进经济适用住房,适应租售并举。国家和政府不断加强住房保障制度。

2008年深圳市发布了《深圳市公共租赁房管理暂行办法》,成为全国最早探索公共租赁房建设的城市。2009年住房和城乡建设部正式提出把发展公共租赁住房作为保障性住房建设的方式之一。同时,公共租赁住房政策全面实行。

深圳市住房和建设局2016年12月发布了《深圳市住房保障发展"十三五"规划》,其中,预计"十三五"期间增加公共租赁住房建筑面积2600万m^2,总计40万套。城市新增的居住用地,必须有至少60%的土地是用于公共租赁住房的,这其中包括新增公共租赁住房建设用地0.54 km^2,各种存量用地折合1.8 km^2。同时,深圳市要求各区政府提前做好公共租赁住房的土地储备工作。

2018年8月,《深圳市人民政府关于深化住房制度改革加快建立多主体供给多渠道保障租购并举的住房供应与保障体系的意见》,提出建立由市场商品住房、人才住房、安居型商品房、公共租赁住房四类住房构成的"4+2+2+2"住房供应与保障体系,明确了公共租赁住房这个概念。

2019年12月20日,《深圳市公共租赁住房轮候与配租暂行办法》出台,其规定了公共租赁住房的配租、轮候及相关管理活动。2020年深圳住建局发布《深圳市人才住房和公共租赁住房筹集管理办法(试行)》,以规范深圳市在人才住房和公共租赁住房等方面的筹集工作,要求创新筹集工作机制,盘活各类社会存量用房,破解保障性安居住房筹集工作困境,为深圳市人才住房以及公共租赁住房的筹集工作提供了政策依据。历年来深圳市出台的公共租赁住房政策都在不断推动深圳市的公共租赁住房市场的发展,为市场提供一定的政策依据[4]。

3. 深圳市公共租赁住房现状

根据深圳市住建局公开信息统计,2012 至 2020 年,深圳市共建成 144 个公共租赁住房项目,其中住宅单元数量在 1000 以上的大中型住区有 36 个。这 36 个住区提供了近 90 000 个居住公共租赁住房单元,占同期所有建设公共租赁住房居住单元的 70%。如何引导大中型公共租赁住区的建设,提升其居住满意度,关乎大多数公共租赁住房居民的居住质量。

(1) 城市区位层面

已建成的大中型公共租赁住房分布于各个行政区(图 4-3)。

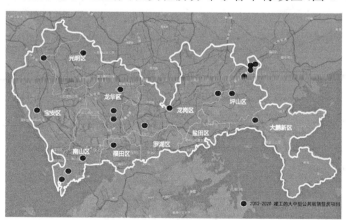

图 4-3 深圳大中型公共租赁住区区位

图片来源:作者自绘

2015年之前建成项目不少位于南山、福田等原关内区域；随着土地资源紧缺，近年竣工及筹建项目更多位于原关外区域。各住区交通条件、周边配套设施存在差异。如龙海家园、和悦居、龙悦居出行方便，周边城市配套设施相对完善；而在原关外区域的一些住区，如金穗家园、呈祥花园二期等住区，周边以工业用地居多，距离轨道交通站点较远，尚未形成成熟的配套设施。

（2）住区层面

公共租赁住区容积率在 2.0 到 5.2 之间。住区内大都配置有商业、文化活动等设施，但配套设施的规模、运营情况存在差异。住区内采用人车分流的设计，早期建设的住区大多停车位数量不足，如龙海家园设计时配置停车位不到 10%。

（3）住宅单体及套型层面

由于受到容积率与面积标准的双重制约，公共租赁住房多采用内廊式、外廊式布局，少部分采用单元式布局。套型以一室户、一室一厅及两室一厅为主，配有少量的三室一厅，且套型设计趋同。公共租赁住房租金价格大约是市场价格的 1/3，由政府主导的物业公司进行管理，住区内环境卫生日常维护较好（图 4-4～图 4-6）。

（4）深圳市公共租赁住房发展目标

深圳市 2021 年度计划供应公共住房用地 214 hm^2，其中新供应用地 74 hm^2，更新整备用地 19 hm^2，旧住宅区拆除改造（棚户区改造）用地 81 hm^2，其他（含工改保）用地 40 hm^2。计划新增建设筹集公共住房 8.3 万套，其中新增建设 7 万套，筹集 1.3 万套。计划基本建成（含竣工）公共住房 2.7 万套。计划供应公共住房 3.5 万套，力争供应 4 万套。

图 4-4 龙悦居四期

图片来源:作者自摄

图 4-5 龙悦居二期

图片来源:作者自摄

图 4-6 和悦居

图片来源:作者自摄

4.3.2 保障性租赁住房

1. 保障性租赁住房概念

保障性租赁住房是住房的一种类型,其主要是解决符合条件的新市民、青年人等群体的住房困难问题;政府给予政策支持,引导多主体投资、多种渠道筹集"小户型、低租金"租赁住房[5]。

2. 深圳市保障性租赁住房相关政策

2021年6月,国务院办公厅发布了《国务院办公厅关于加快发展保障性租赁住房的意见》(国办发〔2021〕22号)[6],促进了保障性租赁住房的发展。同年11月,深圳市住房和建设局发布《关于既有非居住房屋改造保障性租赁住房的通知(征求意见稿)》,提出引导闲置和低效利用的既有非居住房屋改造成保障性租赁住房。

2022年,深圳市住房和建设局、深圳市发展和改革委员会发布《深圳市住房发展"十四五"规划》,提出加快发展保障性租赁住房,多措并举缓解新市民、青年人住房困难。"十四五"期间,深圳将建设筹集公共住房54万套(间),其中保障性租赁住房40万套(间);供应分配公共住房34万套(间),其中保障性租赁住房20万套(间)(表4-3)。

表4-3 深圳保障性租赁住房部分政策梳理

时间	文件	主要内容
2021年11月12日	深圳市住房和建设局、国家税务总局、深圳市税务局《关于实施住房租赁税收优惠政策有关事项的通告》	住房租赁企业中的增值税一般纳税人向个人出租住房取得的全部出租收入,可以选择适用简易计税方法,按照5%的征收率减按1.5%计算缴纳增值税;对企事业单位、社会团体以及其他组织向个人、专业化规模化住房租赁企业出租住房的,减按4%的税率征收房产税

(续表)

时间	文件	主要内容
2021年11月1日	《关于既有非居住房屋改造保障性租赁住房的通知(征求意见稿)》	覆盖了非居住房屋改造保障性租赁住房的适用范围、改造条件、改造要求、改造程序等各个环节,兼顾供给、需求、监管三方面。指出租金标准按照相关规定执行,年度租金涨幅不超过5%;并按照住房租赁资金监管规定进行监管
2021年6月9日	《深圳市国民经济和社会发展第十四个五年规划和二〇三五年远景目标纲要》	单列租赁住房用地计划,探索利用集体建设用地和企事业单位自有闲置土地建设租赁住房。整顿租赁市场秩序,规范市场行为,对租金水平进行合理调控。此外,探索开展出租屋分级分类管理,鼓励城中村规模化租赁
2021年6月3日	《深圳市住房和建设局等部门关于开展住房租赁资金监管的通知》	对开立住房租赁资金专用账户、实行租赁资金监管、规范住房租金贷款、加强监督管理四个方面作出规定,以规范住房租赁企业经营,维护住房租赁当事人合法权益
2021年2月1日	《关于进一步促进我市住房租赁市场平稳健康发展的若干措施(征求意见稿)》	多渠道增加租赁住房供应;加大住房租赁支持力度;建立城中村住房规模化租赁改造工作机制;完善房屋基础信息和租赁合同管理;规范行业主体及其租赁行为;强化保障措施

表格来源:作者根据资料整理绘制

3. 深圳市保障性租赁住房发展目标

2021年深圳市计划供应租赁住房用地37 hm² (包含在2021年计划供应居住用地总量363.3 hm²中),全市计划建设筹集租赁住房10万套(间)。

4. 深圳保障性租赁住房发展建议

财税政策是支持租赁住房发展、构建租购并举的关键。深圳通过现有经费渠道,对符合规定的保障性租赁住房建设任务予以补助,综合利用税费手段,加大对发展保障性租赁住房的支持力度;利用非居住存量土地和非居住存量房屋建设保障性租赁住房,取得保障性租赁住房项目认定书后,比照适用住房租赁增值税、房产税等税收优惠政策;对保障性租赁住房项目免收城市基础设施配套费。

结合"十四五"期间深圳市保障性租赁住房发展规划,形成财政资金和住房租赁税收优惠两个方面的政策支持。其中,需进一步加大财政资金支持住房租赁市场发展的力度。对于保障性租赁住房,由政府、住房专营机构建设筹集,实行政府定价,主要面向各类人才和从事基本公共服务人员分配的,对其准入、使用、退出严格监管;由各类社会主体建设筹集,实行政府指导、市场化运营,主要面向新市民、青年人出租的,对其承租、使用、退出进行适度约束和规范管理。财政资金支持和税费优惠将在很大程度上改善企业的经营状况,激发市场主体的积极性[7]。

5. 保障性租赁住房与公共租赁住房的区别

保障性租赁住房是公共租赁住房的一个很好的补充,更广泛、更全面地保障了低收入人群的住房权益,吸引更多的人才来大城市发展定居(表4-4)。

表4-4 保障性租赁住房与公共租赁住房的区别

类型	性质	面向对象	责任主体与筹集方式	实施区域	管理机制
公共租赁住房	属于国家基本公共服务	城镇住房、收入困难家庭,租赁对象有户口和社保要求	政府提供实物房源和货币补贴,承担兜底保障责任	可覆盖各地城市与县城	严格的准入和退出管理

(续表)

类型	性质	面向对象	责任主体与筹集方式	实施区域	管理机制
保障性租赁住房	属于普惠性公共服务	无房的青年人和新市民,不设收入线门槛	充分发挥市场机制作用,引导多主体投资、多渠道供给,政府提供政策支持	人口净流入的大城市和省级人民政府确定的城市	适度约束管理,准入、退出较为灵活、自由,方式多样

表格来源:作者根据资料整理绘制

4.4 深圳市租赁住房发展"十四五"规划

2021年6月深圳市人民政府发布了《深圳市国民经济和社会发展第十四个五年规划和二〇三五年远景目标纲要》,以及2022年1月,深圳市住房和建设局发布了《深圳市住房发展"十四五"规划》,表明要全面贯彻习近平新时代中国特色社会主义思想,始终坚持以人民为中心,坚持房子是用来住的、不是用来炒的定位,将住房视为民生之要,安居视为发展之本。《深圳市住房发展"十四五"规划》以供给侧结构性改革为主线,以共生发展、共筑未来为思路,制定"保基本、广覆盖、促宜居"住房总体发展目标,提出完善住房政策法规体系、加快发展保障性租赁住房等一系列发展策略,实现更高质量、更加公平、更可持续、更为安全的住房发展,不断提升居住水平,逐步从住有所居向住有宜居迈进[8]。

4.4.1 规划目标

"十四五"期间,以"保基本、广覆盖、促宜居"为总体发展目标,突出住房的民生属性,以公共租赁住房为主为户籍中低收入人群提供基本住房保障,以发展保障性租赁住房为重点缓解新市民、青年人等各类人群的住房困难。通过租购并举、建设与筹集并举、实物供应与货币补贴并举,切实增加住房供给,有效缓解各类居民住房困难问题。

1. 筹集住房

规划期内计划建设筹集公共住房 54 万套(间),包括公共租赁住房 6 万套(间)、保障性租赁住房 40 万套(间)、共有产权住房 8 万套(表 4-5)。

表 4-5 "十四五"住房建设筹集时序表

单位:万套(间)

年份	商品住房建设套数	公共租赁住房建设筹集套数 (其中:保障性租赁住房)
2021 年	7.0	13.0(9.6)
2022 年	7.0	12.0(9.3)
2023 年	8.0	14.0(11.4)
2024 年	7.0	7.5(4.9)
2025 年	6.0	7.5(4.8)
合计	35.0	54.0(40.0)

表格来源:作者根据资料整理绘制
注:1. 以上指标不包含深汕特别合作区。
2. 在保证总量目标完成的情况下,年度目标可以根据实际情况调整。
3. 保障性租赁住房建设筹集量包括符合规定的"十三五"续建项目和"十四五"新增建设筹集项目(含建设、改建、盘活、补贴、规范管理等渠道)。

2. 供应分配住房

规划期内计划供应分配住房 65 万套(间)。其中,供应分配公共住房 34 万套(间),包括公共租赁住房 6 万套(间)、保障性租赁住房 20 万套(间)、共有产权住房 8 万套。供应分配保障性租赁住房占供应分配住房总量的比例不低于 30%。探索建立公共住房跨区调剂机制,鼓励各区加大公共住房供应分配力度,分区分类逐步缩短公共住房轮候周期,促进供需平衡(表4-6)。

表4-6 "十四五"住房供应分配时序表

单位:万套(间)

年份	公共住房供应分配套数	其中:保障性租赁住房
2021年	3.5	1.5
2022年	6.5	4.0
2023年	7.5	4.5
2024年	8.0	5.0
2025年	8.5	5.0
合计	34.0	20.0

表格来源:作者根据资料整理绘制

3. 分区落实公共住房建设筹集与供应分配目标

将公共住房建设筹集54万套(间)、供应分配34万套(间)目标分解到各区(表4-7)。

表4-7 "十四五"各区公共住房建设筹集和供应分配目标一览表

单位:万套(间)

行政区	公共租赁住房建设筹集套数	其中:保障性租赁住房	公共住房供应分配套数	其中:保障性租赁住房
福田区	4.0	3.4	2.6	1.8
罗湖区	2.9	2.4	2.5	1.5
盐田区	2.0	1.6	1.0	0.5
南山区	7.8	6.7	3.7	3.2
宝安区	9.8	7.0	5.1	3.4
龙岗区	9.8	7.0	5.2	3.2

(续表)

行政区	公共租赁住房建设筹集套数	其中:保障性租赁住房	公共住房供应分配套数	其中:保障性租赁住房
龙华区	8.5	6.3	4.7	3.2
坪山区	3.8	2.2	2.4	1.4
光明区	4.0	2.4	3.2	1.4
大鹏新区	1.4	1.4	1.4	0.3
合计	54.0	40.4	34.1(含市本级2.3)	20.0(含市本级0.1)

表格来源:作者根据资料整理绘制

4.4.2 加快发展保障性租赁住房

1. 多渠道建设筹集保障性租赁住房

优先安排保障性租赁住房用地,年度建设用地供应计划中单列租赁住房用地,每年供应的租赁住房用地占居住用地比例不低于10%,并提高保障性租赁住房用地供应比例。加大产业园区配套建设行政办公及生活服务设施比例,配套用地面积占比上限由7%提高到15%,建筑面积占比上限相应提高,提高部分主要用于建设宿舍型保障性租赁住房。加强国有企业引领示范作用,国有企业符合条件的土地和房屋资源应当优先用于保障性租赁住房。建立健全城中村住房规模化租赁改造实施机制,通过区政府、村集体股份公司、大型企业合作方式,筹集保障性租赁住房。坚持保障性租赁住房供应与货币补贴并举,完善保障性租赁住房货币补贴政策,多措并举缓解新市民、青年人住房困难。

2. 推动非居住房屋改造保障性租赁住房

加强政策引导,落实税收等优惠政策,鼓励闲置和低效利用的商业、办公、旅馆(酒店)、厂房、研发用房、仓储、科研教育等非居住存量房屋,在符合一定条件时改建作为保障性租赁住房;且用作保障性租赁住房期间,不变更土地使用性质,不补缴土地价款。

3. 推进住房租赁信息化建设

完善租赁住房信息基础数据库,全面整合各相关部门住房信息资源,实现数据互联互通、信息共享。拓展住房租赁监管服务平台的租赁合同网签备案和信息申报、资金监管、信用评价等功能,加强对保障性租赁住房建设、出租和运营管理的全过程监管,打造"租赁房源广覆盖、租赁环节全打通、公共服务方便办"的一站式租赁平台。

4.5 深圳市租赁住房政策实施成效与评价

4.5.1 实施成效

1. 使深圳在全国具有引领和示范作用

深圳的住房改革始终走在全国的最前沿,例如1988年6月,深圳市政府出台《深圳经济特区住房制度改革方案》,推出"以租促售,以卖为主,鼓励职工买房"的房改方案,这是我国第一个地方性的房改文件。深圳提出的"补贴提租、鼓励买房"的房改探索,也成了中国房改第一阶段局部试点向第二阶段全面推进出售公房为主的房改转折点。深圳房改的积极效果对后续的全国房改起到了极大的推动作用。又如2018年《深圳市人民政府关于深化住房制度改革加快建立多主体供给多渠道保障租购并举的住房供应与保障体系的意见》的提出,使深圳市在全国率先深入落实党的十九大关于深化住房制度改革的相关部署;同时其在多主体供给、多渠道保障、购租并举住房制度建设中的许多创新性探索,在全国具有引领和示范作用。

深圳市的城市发展定位及其在区域发展中的核心城市地位,决定了深圳市长期住房矛盾和压力的缓解,一定要从区域城市协调协同发展的角度做文章,要通过机制体制创新,有效引导、充分利用域内城市的空间供给潜力,实现域内城市在经济社会发展和空间优化利用上的合作共赢。深圳多角度保障住房政策的不断提出与实施,使深圳在全国具有引领和示范作用。

2. 深圳率先实现住房供给中保障性住房和商品房比例的大逆转

深圳租赁住房政策最引人注目的,就是率先实现了住房供给中保障性住房(政策支持性住房和公共租赁房)和商品房比例的大逆转。这在全国也是独一无二的。尽管没有达到新加坡大约 80∶20 这样高的比例,但已经超过香港大约 50∶50 的比例。考虑到现在存量巨大的"以租为主"的"城中村",深圳"以住为主"的住房结构将会在全国各城市中继续领先,从而为深圳经济转型提供强大的支撑。

在城市经济"高速增长阶段",住房市场是城市融资的主要工具;随着经济转入"高质量发展阶段",住房必须尽快从以融资为主要目的的住房体系,转向服务于以持续运营为目的的"以住为主"的住房体系。深圳这次租赁住房政策的提出,正是经济向高质量转型的关键一步。

"好"的政策不仅取决于自身,更取决于区域竞争中的其他城市。面对大湾区空前激烈的竞争,如果相邻城市提出"更好"的政策,深圳就必须及时加以应对。在这个意义上,深圳租赁住房政策的提出不过是一个开始。

3. 为住房供给模式的建立和创新提供了指引

深圳的保障住房政策为住房供给模式的发展提供了指引,具体表现在2018年《深圳市人民政府关于深化住房制度改革加快建立多主体供给多渠道保障租购并举的住房供应与保障体系的意见》体现出的务实、前瞻的特点。其"务实"表现在依托深圳土地等资源短缺和经济人口等快速发展的现实,"前瞻"体现在纲领性的引领,整个政策亮点多多,如:从理清住房产品的供给要素出发,为住房供给模式的建立和创新提供了指引;从理清公共住房(含补贴)产品类型、面向对象出发,规范了各类公共住房的内涵和称谓;从支持企事业单位利用自有用地或用房筹建公共住房出发,挖潜本市存量用地资源;从城市发展效率和住房福利公平角度,提出几个比例问题;从建设和谐社区角度,提出加强混合社区物业管理思路。

总之,作为深圳公共住房发展中的纲领性文件,其务实的制度设计和前瞻性的政策指引,将为今后住房政策的实施和创新提供强有力的支撑,为今后公共住房发展留下充分的想象空间。

4. 深圳在全国率先启动住房领域的改革创新

深圳是我国改革开放的尖兵,从土地拍卖第一锤到住房制度改革,深圳改革始终走在全国的前列。2018年出台的《深圳市人民政府关于深化住房制度改革加快建立多主体供给多渠道保障租购并举的住房供应与保障体系的意见》更是明确了住房制度改革的目标、路径和方法,无疑将对深圳住房市场乃至全国住房制度产生重大而积极的影响。此文件涉及方方面面,包括未来的配套法规修订、制定,改革路上的宏观政策调整等,使深圳市在租赁住房建设的发展之路上步步为营、科学推进改革。切实做好政策衔接,实现平稳过渡,达至改革目标,可谓是任重而道远。在当前市场商品房价格高企,住房供需不平衡、结构不合理,人才争夺"白热化",房地产市场调控的关键时刻,深圳率先启动租赁住房领域的改革创新,主动为全国探路,贵在知难而上,贵在勇于担当,贵在使命感、责任感,是深圳经济特区精神和灵魂的再次诠释。

5. 住房政策的可持续性显示了历史担当

深圳是中国第一个进行横跨 18 年长周期住房制度建设的城市，这一点值得肯定。自 2016 年提出房地产长效机制以来，迄今为止，除了深圳，没有一个城市去规划接近 20 年的住房制度安排。深圳做了横跨三届政府任期的活儿，从更长期的角度去规划住房问题建设，有利于减少"五年住房计划"式的短期行为，让住房政策的可持续性更强，显示了它的历史担当。

深圳住房问题的主要矛盾是什么？"夹心层"越来越买不起房。所以，深圳真正需要的住宅是可负担住宅。但现有条件下，以纯市场化的方式，已经没有办法生产可负担住宅了。深圳的住房政策不断发展，演变至今天已成为推进租赁住房占主体，足以见得深圳对解决青年无房住难题的决心。同时，深圳住房政策的发展演变也展现了其历史担当。

4.5.2 评价

1. 多元政策并举，完整度高，落地性强

深圳作为首批中央财政支持住房租赁市场发展试点城市之一，近年来密集出台多个政策文件，在"租赁供应、市场监管、权益保障、金融税收"等方面进行保障性租赁住房的建设，缓解住房租赁市场结构性供给不足，促进实现全体人民住有所居。

深圳"十三五"时期筹建的 44.24 万套带有保障性质的房源，主要依靠存量用地。而近年出台的《关于既有非居住房屋改造保障性租赁住房的通知（征求意见稿）》覆盖了非居住房屋改造保障性租赁住房的适用范围、改造条件、改造要求、改造程序等各个环节，兼顾供给、需求、监管三方面，完整度高、落地性强。

《深圳市住房发展"十四五"规划》更是指出,以供给侧结构性改革为主线,以共生发展、共筑未来为思路,制定"保基本、广覆盖、促宜居"住房总体发展目标,明确供应租赁住房用地等具体指标,提出完善住房政策法规体系、加快发展保障性租赁住房等一系列发展策略,全面完整发展租赁住房市场,提升租赁居住品质水平,逐步完善租赁住房市场环境。

2. 创"租售补"保障方式

经过多年的住房保障实践,深圳市创新提出了建立和完善以租赁住房为主,以货币补贴为重要补充的"租售补"结合型住房保障方式。其中"租"的是公共租赁住房,"售"的是安居型商品房,"补"指的是货币补贴。

针对多元化的保障对象,深圳的"租售补"三位一体保障方式扩大了住房保障的覆盖面。根据补贴标的的不同,我们可以把"租"和"售"归属于实物补贴,而"补"归属于货币补贴。众所周知,实物形式补贴的优点在于见效快,稳定性强;货币形式补贴的优点在于更能实现社会公平且便于政府实施。所以,深圳市通过"租售补"三种保障方式相互结合、相互补充,使住房保障惠及更多的住房困难群体。

3. 资金消耗过大

由于保障性住房项目耗资巨大,周期漫长,资金问题成为深圳市保障性住房建设的一大难题。深圳市"十二五"规划中计划建设和筹集保障性住房24万套,总建筑面积约1536万m^2,预计总投资约646亿元。但是仅从深圳市土地出让净收益这个重要资金来源看,不难发现在实际操作过程中,面对646亿元如此庞大的资金投入,必将存在巨大的资金缺口。

市、区两级政府作为保障性住房财政资金安排的主体,面对着庞大的资金缺口,压力可想而知。虽然压力巨大,但市级的投资资金落实还是相对较快的;而区级投资资金则由于程序烦琐、审批速度慢,导致资金落实周期长,并且各区政府或多或少都会基于自身区域利益考虑而对保障性住房资金投入产生一定的负面情绪。

4. 土地利用问题

制约着保障性住房房源供应规模的土地资源,也逐渐成为限制深圳市保障性住房建设的一个主要因素。早在2005年,深圳市委就把土地空间限制作为限制发展的四个主要要素之首。随着深圳市向国际化城市目标高速发展,人们的住房需求和城市建设需求之间的矛盾,使得深圳原本稀缺的土地资源问题日益突显出来。特别是原特区内的范围更是寸土寸金。从人均土地资源占有量而言,深圳 153 m^2 的人均占有量远远低于全国平均水平,也低于上海的 266 m^2、广州的 518 m^2 和北京的 812 m^2,土地资源之紧张可见一斑。

面对捉襟见肘的土地资源,要通过增加用地来实现大幅增加保障性住房房源已不太可能,深圳市只有通过城市更新来挖掘存量土地潜力、推进特区一体化建设和整体提高土地资源的集约化程度,才能缓解因土地稀缺所带来的负面影响。

5. 规划分布不均匀

目前,深圳市住房保障建设中存在的较大的问题便是保障性住房规划分布不均衡,多集中建设在位置相对偏远的地段,极少在市区中心位置。与我国其他城市一样,深圳市由于自身土地收益和现行土地有偿使用制度的限制问题,其规划实际上造成了保障房选址难和选址差的局面[9]。

鉴于住房的耐久性特征,保障性住房小区一旦建成就具有了较强的不可逆转性,如果规划时没有配套考虑交通、医疗、教育、金融、文化等市政基础设施建设,即便居住条件改善了,也会因为造成保障人员生活的不便,无形中增加其生活成本,加重其生活负担。

当前深圳市的保障性租赁住房工程仍处于集中式建设阶段,即基本上以千套为一个单元进行施工。虽然这样做可以减少建设费用,减少购买房屋的费用,减少房屋的承租人的压力,但缺点也很明显,就是将穷人和富人之间的距离拉得更远,导致"贫民窟效果"。

4.6 深圳市租赁住房设计案例

4.6.1 龙悦居——深圳最大的公共租赁住房项目

龙华新区玉龙路和白龙路的交界处,是深圳最大的公共租赁住房项目龙悦居,紧邻地处深圳中心别墅区的高档住宅区圣莫丽斯。在龙悦居的高层住宅中,可以俯瞰群山,一览云卷云舒。它是深圳市"十大民生工程"之一。

1. 背景

"十二五"时期,深圳市保障性住房建设时间紧、任务重,仅依靠常规的发展方式难以实现。龙悦居首次以"代建"的形式,以市场化的方式吸引社会资本的参与,最后,与万科、金地、富通三家著名地产公司联手,将该项目的建设速度和质量提升到了一个新的高度。

龙悦居是全国首个"保障性住房"的精品工程,获得了无数的荣誉,包括国家住房竞赛一等奖、国家安居示范工程,以及国内土木工程的最高奖项——詹天佑奖,全国各地有不少人前来参观。在其之后的住房保障工程中,普遍采用了代建总承包模式。

2. 项目房源概况

龙悦居坐落在深圳市龙华新区,毗邻深圳北火车站,距梅林关

3 km,距离深圳市区 9.3 km。它是深圳市 2011 年度重点项目,也是 2010 年深圳市启动的"十大民生工程"之一,是深圳市第一个按照绿色建筑标准建造的保障性住房小区。

该工程由 0006、0007、0008、0009 四个地块组成。项目包括 1 至 3 层地下室、2 层商业,1 栋 3 层幼儿园和 11 栋 33~35 层的高层住宅。占地面积约 17.6 万 m^2,总建筑面积约为 81.6 万 m^2。

整个龙悦居分 4 期开发,龙悦居一期总用地面积 19 971 m^2,总建筑面积 112 053 m^2,住宅总户数共计 729 户,其中 90 m^2(三房两厅)372 户,110 m^2(三房两厅)264 户,140 m^2(四房两厅)93 户;龙悦居二期总用地面积 28 839 m^2,总建筑面积 97 656 m^2,住宅总户数共计 1600 户,其中 35 m^2(一房一厅)800 户,50 m^2(两房一厅)800 户;龙悦居三期总用地面积 50 134 m^2,总建筑面积 215 329 m^2,住宅总户数共计 4002 户,其中 35 m^2(一房一厅)2308 户,50 m^2(两房一厅)1590 户,70 m^2(两房一厅)104 户;龙悦居四期总用地面积 77 270 m^2,总建筑面积 387 899 m^2,住宅总户数共计 4780 户,其中 50 m^2(两房一厅)1531 户,65 m^2(两房一厅)3249 户。

房源户型包括:单身公寓(35~36 m^2)、一房一厅(31~50 m^2)、二房一厅(48~68 m^2)及高层次人才住房(90~140 m^2)。

3. 周边配套

项目周围还有沃尔玛、家乐福、乐购等国际知名连锁超市,还有一些国内大品牌专卖店。此外,还有综合医院和 2 所区级医院。此外,还有博览中心、体育中心等配套设施。

4. 模式理念

充分利用房地产开发企业综合管理及理念的优势,服务于保障性住房建设,开辟保障性住房建设新思路。

鼓励品牌开发商将其技术优势应用于保障性住房建设,以达到居住与绿色环保相结合的目的。

通过对政府、开发商、施工三个层次的控制,以达到有效缩短项目工期、提高工程整体质量的目标。

引进多种社会力量,探索新的模式,多渠道建设,在保障性住房建设中,具有一定的借鉴意义。

5. 租配对象及配置比例

2010年,中共深圳市委、深圳市人民政府发布《中共深圳市委、深圳市人民政府关于实施人才安居工程的决定》(深发〔2010〕5号),在全国首先推行"安居工程",目的在于实现人才房资源的共享。

龙悦居通过提供社会住房和人才住房两种方式来满足不同人群的需要,从而使住房的投资更加集中。深圳市房建局于2013年公布了"经济适用房"的配租信息,共有13 496个房源,其中仅龙悦居就有11 111个。

从2013年深圳市住建局公布的龙悦居等保障性住房可供出租的公告中可以看出,在分配对象和配租比例方面,40.9%的目标是社会阶层,主要是针对住房困难群体和户籍无房家庭;其余59.1%的对象是人才,其中包含全市1200个人才安居工程试点(含109家"十百千万"试点单位)、市属机关、学校、医院、科研机构的各类人才,并对经市政府核准的需要重点解决的企业和事业单位的人才进行定向配租。

在房屋的具体分配上,共有5520个单位,包括200套单身公寓,432套一室一厅,4888套二室一厅,分别分配给有困难的和没有房的人。剩余租赁住房7976套,包括2908套单身公寓、2434套一室一厅、1905套二室一厅、729套90 m²以上的住房,定向租赁给市政府核准的人才安居扩大试点企业单位和市属机关事业单位的无房人才(表4-8)。

表 4-8　深圳市龙悦居租配对象及配置比例

分配对象		具体房源配置		分配比例
社会群体	住房困难群体	第二次保障性住房申请中符合购房条件且尚未购房的家庭	龙悦居四期 1～4 栋及 6 栋 60 m² 左右二室一厅 1811 套	共 5520 套,其中单身公寓 200 套,一室一厅 432 套,二室一厅 4888 套	40.9%
		经市政府批准的符合经济适用房购买条件的其他低收入住房困难家庭			
	户籍无房家庭		共 3709 套,其中单身公寓 200 套,一室一厅 432 套,二室一厅 3077 套		
人才群体	配租给 1200 家市人才安居扩大试点企业(含 109 家"十百千万"试点单位)人才		共 5707 套,其中单身公寓 2600 套,一室一厅 1958 套,二室一厅 1149 套	共 7976 套,其中单身公寓 2908 套,一室一厅 2434 套,二室一厅 1905 套,90 m² 以上户型 729 套	59.1%
	配租给市属机关及学校、医院和科研机构等事业单位人才		—		
	定向配租给市政府核准需重点解决住房困难的企事业单位人才		共 2269 套,其中单身公寓 308 套,一室一厅 476 套,二室一厅 756 套,90 m² 以上户型 729 套		

表格来源:作者根据资料整理绘制

龙悦居是全国最大的公共租赁住房项目,它为很多求职者提供了一个长期的住所,使之将重心放在了工作和生活上。

6. 租金分析

根据《深圳市保障性住房条例》《中共深圳市委、深圳市人民政府关于实施人才安居工程的决定》《深圳市人才安居暂行办法》等有关规定,深圳市住建局经市政府批准,发布了龙悦居等保障性住房配租受理工作相关事项。在租金方面,单套住房的具体租金,在基准租金基础上,考虑楼层、朝向等因素修正确定。其中,基准租金标准为:龙悦居一、二、四期为16.5元/(月·m²);龙悦居三期为17.6元/(月·m²),远低于2013年深圳市其他各区市场上的租房价格(表4-9)。

表4-9 2013年深圳市各行政区住宅租赁均价

市区名称	平均单价(元/月·m²)
福田区	64
南山区	62
罗湖区	58
盐田区	47
宝安区	40
龙岗区	34

表格来源:作者根据资料整理绘制

4.6.2 今日香沙御景园

今日香沙御景园坐落在龙岗新区,龙岗大道和吉祥路的交会处,紧邻华秋成国际低碳示范城市,是今日集团在该区域内开发的第一个城市综合体。项目总占地约7.8万 m²,建筑面积约58万 m²,集住宅、精品公寓、商业酒店、六大健康配套等多元业态于一体,其中保障性住房建筑面积为0.84万 m²,共126套(图4-7、表4-10)。

图 4-7 今日香沙御景园总平面图
图片来源:作者改绘

表 4-10 今日香沙御景园保障性项目概况

项目名称	项目位置	用地面积（万 m^2）	建筑面积（万 m^2）	套数（套）	住房类型	建设筹集方式	配套设施建设情况
今日香沙御景园	坪地街道坪西社区龙岗大道28号	3.62	0.84	126	公共租赁住房	城市更新配建	项目设置有物业服务用房、居住小区级文化室、社区服务站、老年人活动中心、邮政所、物业管理用房、防空警报房

表格来源:作者根据资料整理绘制

1. 区位分析

项目位于龙岗大道首排位置,龙岗中心城及国际低碳城双交汇之处。随着东进战略的不断推进,龙岗将承接政策倾斜带来的人口、商业、产业、基建等发展红利,项目将尽享区域政策规划利好。龙岗大道上汇集35个大型改造工程,已形成900万 m^2 的地产板块黄金发展轴线。项目周边汇集华侨城颐安、朗泓、桑泰、深房等多个知名房地产开发商,共筑片区繁华。项目北面规划有深圳国际低碳城,作为全国八大低碳城市示范工程、"广深港澳科技走廊"核心节点、深圳"十四五"规划重要项目,具有划时代的意义,承担着东进高新产业升级的规划,目标是超越南山科技园,成为"中国硅谷"。

2. 交通分析

（1）地铁交通——700 m 新生地铁站

项目距地铁3号线东延线和21号线换乘站700 m,乘坐3号线7站即可到达大运站换乘东快线,8站到达福田中心岗夏站。预计到2025年,地铁3号线将投入运营。

（2）轨道交通——湾区城市互通

项目距平山高铁站仅20 min 的车程,平山站连接深汕、深河、厦深高铁等多条线路,便利了粤港澳大湾区的交通。

（3）道路交通——紧邻双城市动脉

项目毗邻龙岗大道、盐龙大道,它们连接着清平高速、南坪高速、梅观高速、龙大高速、机荷高速、水官高速6个高速系统(图4-8)。

3. 周边配套

从教育资源上来看,项目北侧紧邻东兴外国语学校,南侧紧邻深圳排名前十的高中——深圳科学高中龙岗分校,涵盖小学至高中12年的教育,配有优质的学校资源;从医疗配套上来看,周围设有龙岗区中心医院、坪地人民医院、龙岗区骨科医院;从周边生活娱乐配套来看,周围建有水岸新都商场、天虹商场、摩尔城、万科广场10万 m^2 的购物中心、沃尔玛生活超市等。

第四章 深圳市保障性租赁住房发展模式 119

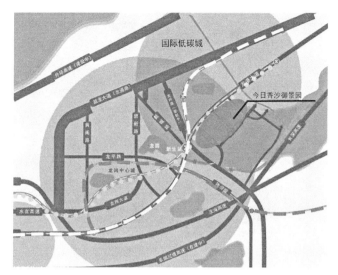

图 4-8 今日香沙御景园周边交通路线

图片来源:作者自绘

4. 户型租金分析

该项目各户型建筑面积为 29~58 m²,结构方正,总平面宽度与深度的比例合理,方便了空间的装修和布置,同时也方便了家具的摆放;采光面为正南,确保白天有充足的光照,并且不会受到阳光直晒,居室布局合理。位于此项目内的保障性住房为 3 栋 D 座,户型方正,布局科学,动线合理,客餐厅宽绰,明厨明卫,并设有舒适的双卧(图 4-9)。

从深圳市龙岗区住房和建设局公布的保障性住房信息来看,位于今日香沙御景园的保障性住房对外的租售信息为:基准租金 13.16 元/(月·m²),物业服务费 3.9 元/(月·m²),专项维修资金 0.25 元/(月·m²),价格远远低于深圳市龙岗区乃至整个深圳市各区市场上的租房价格(表 4-1),对无房的青年人和新市民较为友好,

图 4-9 保障性住房户型

图片来源:作者自绘

而且环境优美,舒适度较好。其不仅有助于解决深圳市人口与住房问题,而且很大程度上为深圳留住了更多无房的人才。

表 4-11　2022 年 09 月深圳各区市县住宅租金排行榜

区市县名称	平均单价(元/月·m²)
南山区	131.72
福田区	116.06
罗湖区	87.80
盐田区	68.69
宝安区	68.32
龙华区	64.69
龙岗区	58.38
光明区	46.09
坪山区	41.51

表格来源:作者根据资料整理绘制

4.7 深圳市租赁住房政策对我国大城市租赁住房发展的启示

4.7.1 培育多元化的住房租赁市场供给主体

深圳目前采用"政府主导,强力推进"的模式来进行公租房供给,同时在供给方式上采用多元化房源筹集方式。主要体现在租赁住房运行机制市场化和供给主体多元化,增强房地产开发商、租房机构的参与度,建立租赁住房管理机构来管理出租房[10]。我国大城市住房租赁市场应借鉴深圳市租赁住房发展政策,增加社会参与和市场助力,借鉴对公租房供给实行"政府支持,市场化运作"。可采取以下措施:

1. **发展专业化住房租赁企业**

充分调动市场积极性,鼓励有资质、有能力的企业参与到公共租赁住房的建设与运营中。例如,深圳市可以以人才安居集团有限公司为主导,努力吸引其他房地产公司、银行等多方面的参与,探索多种合作模式,加快不同行业或不同企业间的协同合作,开展公共租赁住房项目。

2. **鼓励发展房地产公司的住房租赁**

鼓励房地产开发企业、中介机构、物业企业成立分公司,扩大租赁住房市场。鼓励房地产公司在总部基地、产业园区、大学园区等地方进行规模化的租赁经营,并将其转化为保障住房。

3. **鼓励原农村集体经济组织及继受单位开展规模化住房租赁业务**

鼓励城市周边的村集体,尤其是拥有土地使用权的村集体,开展公共租赁住房项目建设,但所有的公共租赁住房项目必须符合住房质量、消费、配套设施的要求,包括后续的准入和管理制度、租金的价格等方面内容。

4.7.2 完善我国租赁市场的法律和行政体制管理

1. 进一步完善住房租赁法律法规

深圳市政府严格执行党中央关于公共租赁住房的相关法律法规和政策意见,同时根据这些指导性意见,积极开展相关细则的研究和论证,如"十四五"规划中要求贯彻落实国家关于加快发展保障性租赁住房有关要求,做好与国家住房保障体系的有效衔接,据此,深圳市出台了《深圳保障性租赁住房建设和管理暂行办法》等3个政府规章;同时健全住房租赁政策和法律制度,加速推动我国住房租赁法律的制定,建立健全租赁企业监管、租赁资金监管、租赁合同网签备案等制度;制定住房租赁参考价格、住房租赁财政支持等配套政策,促进住房租赁市场规范化发展。

因此,我国大城市在立法以及相关细则的落实上应该借鉴深圳市租赁住房政策发展,落实政策的实行。

2. 完善住房租赁支持政策

深圳市积极开展住房租赁政策的创新工作,加快实施房屋租售同权的政策,使得符合条件的居民愿意入住公共租赁住房;另外,允许租赁住房的住户使用个人住房公积金来支付房租。

3. 给予交易便利和税收优惠

可对开展公共租赁住房业务的房地产企业给予一定的政策优惠,包括快速办理相关手续,以及税收优惠政策。各区政府、新区管委会协助税务部门做好住房租赁市场税收的管理和服务工作。

4. 拓宽规模化住房租赁经营的长期资金渠道

加强对住房租赁企业的金融支持，扩大直接融资渠道，支持发行企业债券、公司债券、非金融企业债务融资工具等公司信用类债券和资产支持证券，以促进住房租赁业务的发展。鼓励各地政府采取优惠措施，积极扶持和促进房地产开发。

4.7.3 加大租赁住房建设和供应

1. 加强租赁住房规划和用地供应

深圳市、区政府及相关的国土部门，积极响应《深圳市住房发展"十四五"规划》。近几年来，深圳市住建局不断加大对租赁住房的用地储备与供应力度，建立"提前谋划一批、重点储备一批、加快供应一批"的居住用地供应机制，定期发布居住用地储备与供应方案，推动了深圳市租赁住房市场的发展。我国各大城市应参照深圳，按照相关规划和要求，安排好年度公共租赁住房的土地供应计划。

2. 非居住房屋改建为租赁住房

深圳市政府鼓励那些符合规划和要求的工业或商业建筑的所有者，包括在《深圳市住房发展"十四五"规划》中，鼓励商业、写字楼、酒店、工厂、研发、仓储、科研、教育等非住宅存量住宅，在满足一定条件的前提下，改造为保障性租赁住房；并且在其作为保障性住房期间，土地用途不发生变化，不用补交土地价款。各地城市可考虑将城市内闲置和低效率用地转换为保障性租赁住房用地，以增加城市的租赁住房用地。

3. 允许现有住房按规定改造后出租

深圳市允许并鼓励住房持有者将自持住房改造成为租赁住房，但不得将现有住房分割为"房中房"，房屋的消防、防水、排污功能必须符合标准。同时，改造后的租赁住房，可以交由深圳市公共租赁住房管理平台进行出租和后续管理。

4.7.4 加强住房租赁市场监管

1. 明确租赁双方的权利和义务,规范租赁合同的经营

根据《深圳经济特区合同格式条款条例》的相关规定,租赁双方应当在深圳市建立统一的、标准的租赁合同,并对租赁双方的权利、义务做出明确的约定。同时,租赁合同的签订也要合乎规范,并逐步实现网上签约。落实《中华人民共和国城市房地产管理法》《商品房屋租赁管理办法》等法律法规规定,租赁双方在签订房屋租赁合同之后,要及时到房屋所在地的住房租赁主管部门报备。各大城市不应忽略租赁合同方面的相关问题,可借鉴深圳市出台的有关租赁合同条款的政策,维护租住两方的合法权益。

2. 健全完善租赁信息动态监测体系,强化公共住房管理信息化支撑

《深圳市住房发展"十四五"规划》要求强化公共住房管理信息支撑,持续推进公共住房基础信息平台建设,构建业务全覆盖、跨部门信息共享的运营管理体系,建立涵盖建设筹集、轮候申请、审核公示、配租配售、监管执法、运营维修等内容的公共住房全生命周期管理服务平台,为居民提供真实、透明、便捷、安全的公共住房服务,做好信息公开化,包括深圳市公共租赁住房新投入项目及套数,申请条件及流程、租金等信息。此举措可进一步向其他人口净流入的大中城市推广。

3. 加强租赁行业管理,明确各部门职责分工

加快推进全市住房租赁管理体制改革,理顺人口、治安管理、规划国土、租赁管理、住建、公安、市场监管和各区政府、新区管委会等多部门联合监管体制,明确职责分工。各地要明确全市住房租赁市场的统一和协调,明确各自的职责,实行一对一的监督。

参考文献

[1] 刘厚莲,韩靓.深圳市人口空间分布及其优化路径[J].城市观察,2019(6):59-69.

[2] 宁浩.深圳市城市更新建设保障性住房研究[D].广州:华南理工大学,2018.

[3] 赵亮,张永丹.共同富裕背景下深圳市住房发展的目标与建议[J].住宅与房地产,2022(12):6-10.

[4] 曾晓毅.深圳市公共租赁住房问题与对策研究[D].广州:华南理工大学,2018.

[5] 深圳市住房和建设局.深圳市:加快发展保障性租赁住房努力缓解新市民青年人等群体住房困难[J].城乡建设,2022(18):29-31.

[6] 中华人民共和国国务院办公厅.国务院办公厅关于加快发展保障性租赁住房的意见:国办发〔2021〕22号[EB/OL].(2021-07-02)[2022-09-28]. http://www.gov.cn/zhengce/content/2021-07/02/content_5622027.htm.

[7] 古伶.深圳市保障性住房问题研究[D].南昌:南昌大学,2013.

[8] 孙健.深圳市政府主导低收入保障性居住社区空间形态研究[D].深圳:深圳大学,2012.

[9] 钱成.基于混合居住理念的深圳市保障房住区建设空间策略研究[D].深圳:深圳大学,2019.

[10] 王桂梅.保障性租赁住房运作模式及问题研究[J].住宅产业,2022(4):10-14.

第五章

南京市保障性租赁住房发展模式

5.1 南京市概况

5.1.1 南京市自然环境及社会经济环境概况

南京,简称"宁",古称金陵、建康,江苏省的省会,特大城市,国务院批复确定的中国东部地区重要的中心城市,全国重要的科研教育基地和综合交通枢纽。南京是首批国家历史文化名城之一,中华文明的重要发祥地,长期以来都是中国南方的政治、经济、文化中心。南京有着7000多年文明史和近500年的建都史,西街遗址的发掘将南京建城史追溯到3100年前的西周时期。南京全市下辖11个区(玄武、秦淮区、建邺区、鼓楼区、浦口区、栖霞区、雨花台区、江宁区、六合区、溧水区、高淳区),94个街道、6个镇,总面积6587.02 km²,建成区面积868.28 km²。截至2021年,常住人口942.34万人,城镇人口818.89万人,城镇化率86.9%。2021年,全市地区生产总值16 355.32亿元。其中六合区、溧水区和高淳区为远郊区。由于市域面积不大,远郊县(区)不多,所以南京市的人口高度聚集于中心城区。综合分析下来,南京市2020年的中心城区人口约为613万人,占市域总人口的比例约为72%;如果把近郊的农村人口也一并纳入,那么这个比例将达到76%。

南京素有"天然地质博物馆"之称,长江漫滩、富水软土、岗地、岩溶等多种地貌单元并存。南京属宁镇扬丘陵地区,以低山缓岗为主,低山占土地总面积的3.5%,丘陵占4.3%,岗地占53%,平原、洼地及河流湖泊占39.2%。宁镇山脉和江北的老山横亘市域中部,南部有秦淮流域丘陵岗地南界的横山、东庐山。南京南北长、东西窄,成正南北向;南北直线距离150 km,中部东西宽50~70 km,

南北两端东西宽约 30 km。南面是低山、岗地、河谷平原、滨湖平原和沿江河地等地形单元构成的地貌综合体。南京矿产资源丰富,发现的探明储量的矿产有 23 种,有工业开采价值的 20 种,正在开采的 10 多种。南京属北亚热带湿润气候,四季分明,雨水充沛,常年平均降雨 117 天,平均降雨量 1106.5 mm,相对湿度 76%,无霜期 237 天,环境适合居住。另外,南京地处交通枢纽、江浙沪地区,经济发展水平高。南京相对于其他大城市,工作节奏较为轻松,自身经济也相对繁荣,人均利润水平更高,所以南京市民的幸福指数很高。南京作为我国的特大城市之一,其保障房的发展起步时间早,建设强度高,计划性强,覆盖范围广,并且独创"区域新城"理念,集中兴建了岱山、上坊、花岗、丁家庄四个大型保障房片区,成为保障房大规模集中兴建的代表性城市。

5.1.2 南京市人口概况

南京 2021 年末 2022 年初全市常住人口 942.34 万人,比上年末增加 10.37 万人,增长 1.11%。其中城镇人口 818.89 万人,占总人口比重(常住人口城镇化率)86.90%。全年常住人口出生率为 6.25‰,死亡率为 4.65‰。由于市域面积不大,远郊县(区)不多,所以南京市的人口高度聚集于中心城区。南京常住人口近年来持续增加,虽然未突破千万,但随着南京人才政策的持续加码以及城市经济、产业发展,人口竞争力、吸引力不断提升,南京人口规模势必持续上涨。另外,南京仍处在快速城镇化进程中,常住人口城镇化率一直保持在 80% 以上,并逐年增长,2020 年达到 86.80%,而且城镇化仍有不小的提升空间。所以,南京常住人口增速虽然一般,但整体涨势较佳。从各区人口变动情况看,目前南京人口正从主城区向新城新区扩散。而将南京各区域人口比重变动和商品住宅成交占比变动比较可发现,主城核心区域人口减少,新房成交占比随之下行;而新城区人口暴增带来的是新房成交持续放量。

5.2 南京市住房发展建设概况

5.2.1 南京市保障性住房发展历程

我国的保障房建设起源于20世纪90年代,1994年出台的《国务院关于深化城镇住房制度改革的决定》(国发〔1994〕43号)开启了我国保障房发展之路,提出建造以中低收入家庭为对象、具有社会保障性质的经济适用住房;2003年后房地产的快速发展促使商品房售价持续攀升,住房困难问题成为城市中低收入家庭的主要矛盾;2007年出台的《国务院关于解决城市低收入家庭住房困难的若干意见》提出建立廉租房和经济适用房并行的保障房体系。随后《廉租住房保障办法》《经济适用住房管理办法》等一系列政策文件的相继出台,标志着国家调控的重心已从房价转到保障性住房体系的构建[1],南京保障房同国内其他城市一样,是随着国家对住房保障制度改革的不断深化而逐步发展起来的(图5-1)。

南京位于我国生产力布局长江和沿海地带"T"形产业密集带的接合部,是我国经济核心区长江三角洲的重要中心城市;距亚太地区重要经济中心上海300 km,与沪、杭呈三角之势,是长江流域四大中心城市之一,具备广阔的经济发展腹地。从1949年解放至1978年改革开放,南京的用地扩展过程呈现出跃进发展和填空补实交替的特征,从用地扩展方向上来看以向东、向北为主,先向东,后向北,向东为新辟文教区,向北为新辟工业区,逐步扩大了城市空

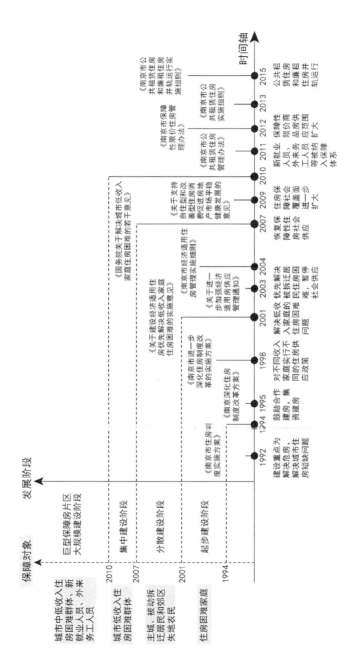

图 5-1 南京住房保障政策的演变与特征[2]

间框架。改革开放后,南京的城市用地扩展数量增大,速度加快。1980年代后期随着南京的经济发展和产业结构的升级,城区工业开始外迁,老城区第三产业和居住用地逐渐取代工业用地。1990年代以来,南京河西新城、仙林新市区、江宁新市区、江北新市区的建设,使得城市发展框架进一步扩大。

南京保障房的发展开始时间早、建设强度高、覆盖范围广、计划性强,并且独创"区域新城"理念,集中兴建了岱山、花岗、上坊、丁家庄四大保障房片区,是大规模集中兴建保障性住区的代表性城市。

根据南京市保障性住房的发展特点和状况,可将南京市保障性住房的建设划分为四个阶段,分别是1994—2001年的起步建设阶段、2002—2006年的分散建设阶段、2007—2009年的集中建设阶段,以及2010年至今的巨型保障房片区大规模建设阶段[3]。2007年以前,南京市每年建造的保障性住房一直处于10 000套以下。2004年建设量有所增加,新建各类保障性住房(包括国有土地和集体土地拆迁安置房以及中低收入家庭住房)总面积120万 m^2 ,接近2003年新建面积的2倍。进入2008年,保障性住房建设速度明显加快,2010年新增保障性住房面积600万 m^2 ,2011年更是达到870万 m^2 。

1. 第一阶段:起步建设阶段(1994—2001年)

1994年以前,南京市保障性住房的主要功能是解决体制内住房困难户的住房问题。1998年《南京市进一步深化住房制度改革的实施方案》(宁政办发〔1998〕278号)的出台确立了由经济适用住房、廉租住房和商品住房构成的住房供应体系,南京保障性住房建设得到初步发展(图5-2)。由于住房市场逐渐活跃以及相关支持政策的不到位,经济适用住房建设采用与商品住房并行的方式且发展速度缓慢,该阶段内南京市经济适用性住房项目的建设总量约80万 m^2 。在

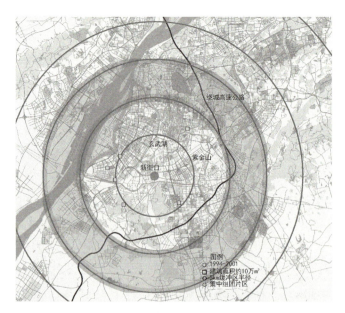

图 5-2　1994—2001 年南京市保障性社区空间演化图[2]

保障性住区的空间分布上,这一阶段呈现出小规模分散建设的特征,6个保障性住区分散分布在鼓楼、建邺、玄武和秦淮 4 个区,住区面积也相对较小,仅虹苑新寓面积相对较大,其他住区的面积均不足 10 万 m^2。该阶段保障性住区的空间分布特征并不明显,离主城区的空间距离约在 5 km 的范围内,交通条件、公共服务设施也随着城市新区的开发得以快速改善。

2. 第二阶段:分散建设阶段(2002—2006 年)

2002 年以来,政府开始大规模建设保障性住房,同时,伴随着商品住房的普遍高档化,出现了住房价格虚高、普通居民购房压力大以及社会贫富差距拉大等社会反响强烈的问题。因此,在住宅市场多元化的同时,政府转向重视中低收入家庭的住房问题,南京市政府加大政策扶持力度,大规模有序推进经济适用房和中低价商品房建设(图5-3)。保障性住房一方面可以为没有能力从市场获得住房的居住弱势群体提供住房保障,另一方面可以间接平抑虚高的房价。为了保证城市建设的顺利进行,保障社会安定团结,2002至2006年间的南京保障性住区建设规模都保持在较高水平,每年开工面积均超过100万 m^2,以解决城市低收入居住困难群体的居住问题,同时为城市建设拆迁户提供补偿性住房。为此启动的"三百三房"工程的具体目标是:用3年时间新建100万 m^2 经济适用房和100万 m^2 中低价商品房,改造100万 m^2 危旧房。在此期间,按照"总量控制、分步实施、招标建设、统筹供应"的原则,不断增大经济适用房建设的力度,2002年建设经济适用房20万 m^2,2003年建设量达到91万 m^2,此后每年的建设量都在120万 m^2 以上。2002年

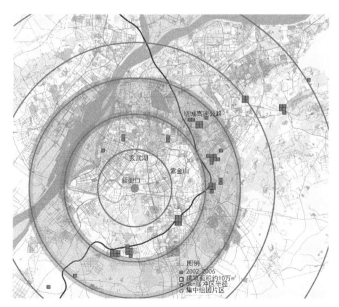

图5-3 2002—2006年南京市保障性社区的空间分布图[2]

南京选址 8 大片经济适用房项目,截至 2006 年底共建设经济适用房项目 34 个,总计开工约 701 万 m^2。该阶段保障性住区的区位选择范围已经从前一阶段的距离新街口城市中心 5 km 扩展至 10～15 km,空间布局开始出现沿绕城高速公路外围布局的特征,主要建有百水芊城、尧林仙居、银龙花园、西善花苑、春江新城等 14 个保障性住区。由于距离城市较远,各项基础设施配套相当不完善,再加上高速公路的物理区隔,保障性社区呈现出空间边缘化的特征,改善交通条件、增加公共服务设施成为此阶段保障性住区主要群体的重要诉求。

3. 第三阶段:集中建设阶段(2007—2009 年)

以 2007 年出台的《国务院关于解决城市低收入家庭住房困难的若干意见》为契机,南京发布《南京市 2008—2010 年城市低收入家庭住房保障规划》,这也标志着南京保障性住房体系正不断完善,保障性住房建设飞速发展(图 5-4)。2007—2009 年三年年均新开工经济适用房面积持续增加,均在 200 万 m^2 以上,在 2009 年达到了 389 万 m^2。2009 年规划选址的迈皋桥汇杰新城、西花岗、江宁上坊、西善桥四大保障房项目陆续开工,单个项目的总建筑面积均在 100 万 m^2 以上[4]。此外,南京市保障房建设在这一阶段不断调整项目周边配套情况。在 2008 年的保障房选址工作中,新增及储备地块中主城区及周边地块面积总量达到 216 万 m^2,这在一定程度上改善了保障房项目配套设施缺乏、居民生活不便等问题[5]。例如下关区的保障房项目增加至 6 个,玄武区和鼓楼区也有增加,这些老城区的周边配套较为完善,教育、医疗、就业等资源也较为丰富,实现了部分中低收入者的"安居乐业"。该阶段保障性住区延续了距离城市中心直线距离 10～15 km、沿绕城公路布局的基本格局,大部分保障性住区是在原有基础上进一步空间扩张演变而来,因此南京开始形成多个大型保障性住区,如南湾营康居城、摄山新城、银龙花园、西善花苑等。由此南京的保障性住区除了上文提及的边缘化特征外,也开始显现规模化和巨型化特征。

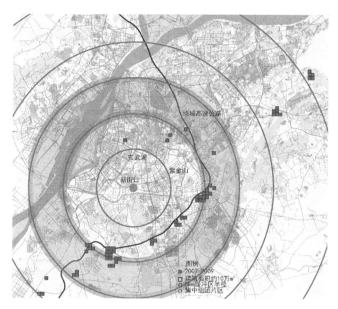

图 5-4　2007—2009 年南京市保障性社区的空间分布图[2]

4. 第四阶段:巨型保障房片区大规模建设阶段(2010 年至今)

自 2010 年起,南京市的保障房建设驶入"快车道",项目个数以及项目的规模都在大幅度提高。2010 年南京市以区域新城理念规划建设了四大保障房片区(图 5-5),总计 8.2 万套。"十二五"期间,南京启动丁家庄二期等六个保障房建设项目,共 29 万套。2010 年至 2012 年,南京市共规划了 27 个保障房项目,总占地面积约 11 881 万亩,几乎与过去 6 年持平,而总建筑面积有 1576 万 m^2,远高于过去 6 年的总量,平均每年开发项目 9 个,平均每个项目建筑

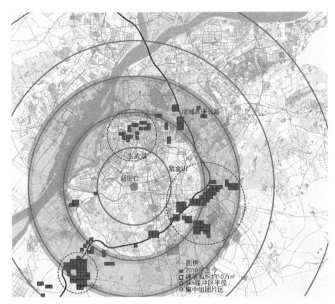

图 5-5　2010 年至今南京市保障性社区的空间分布图[2]

面积 58.4 万 m^2。不管是从每年规划保障房项目数量上看,还是从单个项目规模来看,2010 年之后保障房的建设规模空前扩大。在这一阶段,南京市推出了四个大规模保障房片区的建设,包括上坊片区、花岗幸福城、丁家庄片区和岱山呈城,总占地面积达 10 km^2,建筑面积达 821 万 m^2。除了这四个超大型保障房项目,18% 的项目建设面积在 50 万 m^2 至 72 万 m^2 之间,其余均在 50 万 m^2 以内。2018 年 8 月,继南京岱山、丁家庄、花岗、上坊四个大型保障房片区基本建成后,百水、绿洲和孟北三大保障房片区陆续动工并将供应各类保障性住房约 4.3 万套[6]。2011 年 7 月,南京市住建委公布的 1—6 月份保障房建设进度数据显示,南京市在建保障性住房面积达 1288 万 m^2,新开工 587 万 m^2,其中四大保障房片区在建 706 万 m^2。2018 年南京完成 3 个市级保障房项目,完成保障房新开工面积高达

456万 m^2。2010年以后,"巨型化"成为南京保障性住区最重要特征,原来的单个保障性住区被大型保障房片区取代。该阶段保障性住区仍然延续之前的空间布局特征,依托原有的已经成片的保障性住区项目进行选址,促使这些区域的保障性住区更为巨大,多集中在栖霞区西南部、雨花台区以及绕城高速沿线,并逐渐向江北、江宁、雨花台西部及区县扩展。

5.2.2 南京市保障性住房类型

南京保障房的保障范围包括城市中低收入家庭、棚户区改造家庭、征收安置家庭、新就业和外来务工人员等,构建了从困难群体、特殊群体到高端人群广覆盖、立体化、多层次的保障房体系。按照保障对象的需求和特征,南京保障性住房可分为经济适用住房(拆迁安置房)、廉租房、公共租赁住房、保障性限价房、共有产权房五种类型,其中经济适用房是南京保障性住房中最为重要的一种形式。笔者根据相关政策文件总结出南京保障性住房的主要类型和基本特征如表5-1所示。

表5-1 南京保障性住房的主要类型和基本特征

住房类型	保障方式	保障对象	房屋产权	政策背景
经济适用房(拆迁安置房)	出售	低收入住房困难家庭和拆迁住房困难家庭	受保障群体拥有部分产权	2001年《关于建设经济适用住房优先解决低收入家庭住房困难的实施意见》
廉租房	出租	城镇最低收入住房困难家庭	政府持有	2007年《国务院关于解决城市低收入家庭住房困难的若干意见》中提出加快建立以廉租房建设为重点的多层次住房保障体系

(续表)

住房类型	保障方式	保障对象	房屋产权	政策背景
公共租赁房	出租	城市中低收入住房困难家庭、符合条件的新就业职工和外来务工人员	政府持有	2015年《南京市公共租赁住房和廉租住房并轨运行实施细则》提出公共租赁住房和廉租住房并轨运行
保障性限价房	出售	符合一定条件的城市中等偏下收入家庭	住户拥有完整产权	2012年颁布《南京市保障性限价住房管理办法》，2014年底停止接受保障性限价房申请
共有产权房	出售	城市中低收入住房困难家庭	受保障群体拥有部分产权	2015年《南京市保障性住房共有产权管理办法(试行)》

表格来源：作者根据相关政策文件整理

5.2.3 南京市保障性住房建设规模

南京市自2002年开始进入大规模保障房建设时期,截至2018年底,南京市保障房累计开工面积已达4600万 m^2,竣工面积达3600万 m^2(表5-2)。

表5-2 南京市各区县保障房建设情况汇总表(截至2018年)

编号	项目个数	项目个数	竣工面积(万 m^2)
1	栖霞区	49	1038.55
2	雨花台区	49	879.36
3	江宁区	38	419.51
4	鼓楼区	27	61.41
5	玄武区	99	200.00

(续表)

编号	项目个数	项目个数	竣工面积(万 m²)
6	建邺区	44	263.97
7	秦淮区	26	399.41
8	六合区	61	210.25

表格来源:陆璐.南京保障性住区低成本高效益景观设计研究[D].南京:南京工业大学,2020.
注:2013 年 2 月,南京市鼓楼区与下关区合并成立新鼓楼区,白下区与秦淮区合并成立新秦淮区,上表的数据为合并前的数据。

南京保障性住区在 2010 年以前均呈现小规模建设状态,年均开工量维持在 400 万 m² 以下(图 5-6)。2010 年以后,南京独创"区域新城"理念,开始大规模集中建设保障房,多数项目为集聚抱团形式,其中四大保障房片区的建设最为典型,仅这四大片区便能提供 8.2 万套保障房,总建筑面积高达 966.2 万 m²。2013 年后,政府鼓励普通商品房小区配建保障房,南京保障性住区建设速度放缓,每

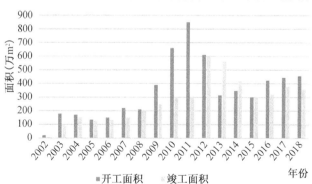

图 5-6 2002—2018 年南京市保障性住房开工、竣工情况
图片来源:根据南京市住房制度改革办公室及《2002—2018 年南京市国民经济和社会发展统计公报》数据绘制

年保障房建设面积从之前的 600 万 m^2 以上降为 400 万 m^2 左右。

南京目前已建在建的保障性住区多以组团形式建设,其中多数组团用地规模集中在 10～20 hm^2,部分组团用地规模甚至超过 30 hm^2,仅有少数几个住区和老旧住区的用地规模低于 10 hm^2,如青田雅居、翠林山庄等。南京 2018 年开工的百水、孟北和绿洲三个保障房片区总用地规模甚至高达 300 hm^2,总建筑面积超过 500 万 m^2。由此可见,当前南京保障房建设规模仍然巨大。

5.2.4 南京市保障性住房融资方式

保障房的社会福利性质决定其建设很难有足够高的投资回报率,因此完善的融资模式是确保其顺利建设的基本前提。南京保障房在发展初期主要依赖传统融资渠道,包括市、区财政年度预算安排的保障性安居工程保障资金,上级财政补助的住房保障资金,商业银行贷款以及土地使用费、印花税等建设运营税费的减免。在传统融资渠道的基础上,2010 年起南京利用优惠补贴和政策引导鼓励政府相关款项和项目收益介入保障房建设,包括在住房公积金增值收益中计提住房保障资金,在土地出让净收益中安排不低于 10%的住房保障资金,还有符合国家规定的住房公积金贷款、配套开发商品房所获收益、住房的租售收入和配建的经营性物业租赁收入,及其他符合国家规定的资金款项等。2012 年进一步开辟多元化创新型融资工具,采取社保基金信托贷款、企业债券、保障房私募债券等方式,大力利用政府补贴吸引社会闲散资本与市场资金,拓宽市场融资渠道,以大额、低息、长期、稳定的融资方式保障了南京大规模的保障房建设。至此形成以传统融资渠道为基础、相关款项介入为支撑、新型融资工具为补充的"南京融资模式"。

5.2.5 南京市保障性住房建设方式

一定规模的保障房与配套设施的建设量,是快速高效解决城市居民住房困难问题的基本保证,因此建设阶段是保障房发展中的基础阶段。

1. 住房建设

2010年以前,南京市保障房在政府的主导下呈小规模分散建设状态,年均开工量维持在400万 m^2 以下。2010年开始,创新区域新城理念,以四大保障房片区的兴建为标志,开始大规模区域性集中建设模式,多数项目为集聚抱团形式,主要沿主城区边缘分布,仅2011年一年新建保障房就高达850万 m^2。2013年后,转而采取分散与集中相结合的建设方式,鼓励普通商品房小区配建5%保障房,建设速度放缓,每年新建保障房面积从之前的600万 m^2 以上降为400万 m^2 左右。截至2018年底,南京市保障房累计开工面积已达4600万 m^2,竣工面积达3600万 m^2,为保障房的快速发展提供了强有力的房源支持。

2. 设施建设

对于保障房来讲,住区周围基本的交通、教育、商业、医疗等配套设施的建设是落实保障效果的重要条件。2010年以前,南京大多住区以利用和完善周边已有公共设施满足对配套设施的需求。然而,自保障房大规模集中建设以来,配套设施的建设明显滞后于保障房建设,尤其是2012年底陆续落成的南京四大保障房片区的包括商业、公交与轨道交通、卫生医疗以及中小学校等配套设施直至2013年底才陆续建成,居民的"被保障感"大打折扣,满意度深受影响,后期着力建设保障房配套设施。

5.2.6 南京市保障性住房供应方式

保障房的供应阶段是保障周期中的核心阶段,也是检验保障成效的关键所在。与商品房市场中的自主租售不同,保障房的供应分配完全由政府负责,必须科学掌控供需关系,制定严谨的准入退出标准,严格审核分配对象,以确保达到最佳保障效果。其供应方式包括两个方面,一是分类供应,制定准入退出标准;二是房源分配管理。

1. 分类供应

保障房供应分类是按照被保障对象的特征和不同需求,将其划分为公共租赁房、廉租房、限价房、共有产权房等不同类型,有针对性地对不同人群进行科学的住房保障。初期的保障房类型只有廉租住房(租住)和经济适用房(出售)两大类,保障对象主要为城市户籍低收入住房困难家庭,其准入审核主要以家庭收入为标准,保障力度十分有限。2011年开始,南京开始陆续新增公共租赁房、限价房等,保障对象由城市户籍低收入家庭逐步扩大到城市户籍中低收入家庭,及符合条件的新就业大学生和外来务工人员。对城市中低收入家庭的认定标准不断进行科学动态调整,并新增家庭资产等审查标准,使审核更为科学化。2015年南京出台了住房保障"1+4"文件,优化保障房市场,推行公廉租并轨,推出新型共有产权房,保障对象可分次购买共有产权保障房产权份额,衔接了住房保障供应与市场供应,同时逐步弱化经济适用房,取消限价房,形成以公共租赁房和共有产权房为主的保障房供应体系。截至2015年底,南京主城六区保障率超过20%,累计约有25.5万户居民通过保障性安居工程有效改善了居住条件,使城镇中等偏下和低收入家庭住房困难问题基本得以解决,新就业职工住房困难问题得到有效缓解,外来务工人员居住条件得到明显改善。

2. 分配管理

房源的分配管理是直接影响到保障对象能否享受到保障成果的最终环节,目的是将保障房准确、高效地分配给适保人群。南京保障房分配管理主要采用"以区为主、全市统筹"的工作体制,构建"市区街"三级管理体系,提高分配管理效率。同时,积极利用创新技术手段进行具体房源分配管理,于2011年推出信息化管理平台"e路保障",按照不同类住房的不同准入退出标准,强化住房保障申请、审核、分配、复审、退出各环节管理,推动住房保障信息化管理全覆盖;加强信息监管的力度,为房屋管理、使用、维护提供依据;实现保障房建设和管理信息及时发布,保障房源租售结果及时公示等网络信息化管理,增强保障信息透明度。至2015年底,依托"e路保障"已成功缴收差价9003.4万元,收回或补足差价房屋近300套。

5.3 南京市保障性租赁住房相关政策

5.3.1 南京市保障性租赁住房政策历史演变

从20世纪80年代开始,中国在推进住房商品化改革的同时,政府在借鉴国外经验的基础上,对城镇住房困难群体实行住房保障制度。总体而言,保障性住房的政策演进可分为四个阶段。

1. 应急型住房保障阶段(1980—1993年)

住房制度改革逐步实现住房商品化是此阶段的重点,即将实物福利公房分配制度转变为货币工资分配制度,住房政策也多围绕该目标制定。虽然该阶段没有真正提出住房保障概念,但已经开始关注城镇住房困难群体的住房保障问题。1991年国务院办公厅发布的《关于全面推进城镇住房制度改革的意见》中强调"紧紧围绕'解危''解困',重点解决危险住房和人均居住面积在三至四平方米以下的住房困难户以及无房户的住房问题",可以认为是住房保障的萌芽。在住房投资和建设体制上,大力支持结合"解危""解困"进行单位或个人的集资、合作建房,个人集资与合作建房的部分可以不受规模控制。

对于南京而言,该阶段住房建设严重不足,加之大量下放人员和回城知青返城,解决住房困难问题成了城市建设的当务之急。南京在1992年、1993年先后出台相关政策,强调"解危房""解困房"的建设,重点解决危险住房和人均居住面积在2~4 m² 的居住困难户的住房问题。可以看出,不论是在南京还是全国,虽然此阶段的住房保障政策开始关注到住房困难家庭,但从根本上讲,政策的着眼点还是在解决城市的住房短缺问题而不是保障特定对象的住房问题;且保障重点更多是单位体制内的住房困难家庭,如党政机关干部和教育系统、医疗系统的住房困难家庭,而其他群体较少能够享有住房保障。

2. 住房保障制度框架形成阶段(1994—2002年)

1994年出台的《国务院关于深化城镇住房制度改革的决定》被认为是住房保障制度框架形成的起点,文件中提出了"建立分层次的住房供应体系",即以中低收入家庭为对象、具有社会保障性质的经济适用住房体系和以高收入家庭为对象的商品房供应体系。1998年出台的《国务院关于进一步深化城镇住房制度改革加快住房建设的通知》是中国住房改革的标志性文件,"停止住房实物分配,逐步实行住房分配货币化"是其核心内容。

为落实国家要求,南京于2001年先后出台一系列政策,逐步解决低收入家庭的住房困难问题。经济适用房的建设遵循"集中建设,严格管理,总量控制,计划供应"的原则。在政策实施方面,到 2002 年 12 月第一个真正意义上的经济适用房小区兴贤家园实现当年立项、征地、建设和入住,竣工 7 万 m^2,442 户住房困难家庭入住,包括城市低收入住房困难家庭和拆迁住房困难家庭。同年第二个经济适用房小区景明佳园也全面开工建设,一期建筑面积 13 万 m^2。

3. 住房保障制度规范发展阶段(2003—2006 年)

2003 年在房地产业成为国民经济支柱产业的背景下,国务院为促进房地产进一步健康发展,下发了《国务院关于促进房地产市场持续健康发展的通知》,而这个文件也被认为是中国住房保障制度规范发展的标志性文件。该文件尤其明确了经济适用住房是具有保障性质的政策性商品房,由此住房的供应结构发生了变化,即由"大多数家庭通过购买经济适用住房解决住房问题"转变为"多数家庭购买或承租普通商品住房,经济适用住房的购买对象需要在一定的收入标准线和范围内"。

2003 年同样也是南京市住房保障政策历程中具有重要意义的一年。首先,这一年南京保障性住房供应量大幅度增长,由 2002 年当年实际竣工 7 万 m^2 迅速上升到 2003 年实际竣工 92 万 m^2。究其原因是 2003 年前后南京经历着巨大规模的城市拆迁,要求建设大量拆迁安置房来缓解由于城市拆迁城市无房户急剧增加所带来的社会矛盾。在 2003 年 9 月南京市政府出台暂停低收入住房困难户经济适用房供应,重点保障城市被拆迁住房困难户的政策后,经济适用房作为拆迁安置房的功能得到进一步强化。从南京这一阶段的住房保障政策实践可以看出,南京的保障性住房经历了由"支持和推动住房分配货币化改革"到"刺激住房需求尤其是拆迁购房需求",再到"安置城市被拆迁群体,维持社会稳定"的功能转变,真正的社会保障功能反而沦为次要功能。

4. 住房保障制度全面推进阶段(2007至今)

十七大明确提出要"加快解决城市低收入家庭住房困难问题",这也是首次在党代会报告中专门提及住房保障问题。随后在2007年颁布的《国务院关于解决城市低收入家庭住房困难的若干意见》(国发〔2007〕24号)则标志着中国住房保障制度建设进入全面推进阶段,住房保障工作被纳入政府公共服务职能,并成为政府考核的重点内容,这也是政府职能的回归。该文件中提出加快建立以廉租房建设为重点的多层次的住房保障体系,这也表明廉租房建设已经取代经济适用房建设成为住房保障体系的主体。文件对廉租房、经济适用房的建设主体、保障对象、建设标准、政策支持、准入和退出等配套政策作出了相关规定。从2008年开始各地政府加大了对保障性住房的投入和政策支持,公共租赁住房在此过程中成为重点。其供应对象不仅面向城镇中等偏下收入的住房困难家庭,同时新就业的无房职工和在城镇稳定就业的外来务工人员也被纳入供应范围。保障目标从解决城市户籍人口的住房困难问题向解决城市常住人口的住房问题转移。为了实现公共租赁住房和廉租房之间更好的制度衔接,统一管理,2013年12月出台了《住房城乡建设部 财政部 国家发展改革委关于公共租赁住房和廉租住房并轨运行的通知》(建保〔2013〕178号),这也标志着租赁型保障房由原来的廉租房、公共租赁住房双轨制走向了两房并轨运行。

对于南京而言,在内城区拆迁趋缓的背景下,住房保障政策在保障对象方面有了较大的调整。2007年开始,南京相继出台了一系列相关的法律文件、政策性文件。2007年12月,南京市政府出台《南京市政府关于解决城市低收入家庭住房困难的实施意见》,要求扩大廉租房的保障范围,保障对象从低保住房困难家庭扩大到低收入住房困难家庭;另外改进经济适用房保障制度,恢复经济适用房向符合条件的城市低收入住房困难家庭供应,而不仅是向城市被拆迁住房困难家庭供应。2008年出台了《南京市廉租房保障实施细则》《南京市经济适用房管理实施细则》;2011年出台了《南京市公共租赁住房管理办法》;2013年出台了《南京市公租房实施细则》（表5-3）。此外,2011年出台了《南京公共租赁住房和定向公共租赁住房建设意见》;2013年出台了《关于南京市四大保障房片区配套建设和社区管理的意见》;2014年出台了《南京市政府关于加强我市住房保障和供应体系建设的意见》。

表5-3 南京市保障性住房政策一览成

时间	名称	主要内容
2001年	《关于建设经济适用住房优先解决低收入家庭住房困难的实施意见》	由南京市房改办组织市经济适用住房发展中心每年建设一定量价格低廉的经济适用住房,供应人均年收入在全市人均年收入60%以下,且人均住房使用面积8 m² 以下的住房困难家庭购买
2001年	《南京市城镇居民低收入家庭住房保障试行办法》	人均收入低于市政府规定的最低生活保障标准(2001年市区为人均月收入200元),且享受最低生活保障连续6个月(含)以上,人均住房使用面积8 m²(不含)以下,具有市区常住户口的居民家庭,有关部门按照房租减免、租金补贴和实物配租三种办法改善其住房条件
2004年	《南京市经济适用住房管理实施细则》	规定套内面积,主要在40～60 m² 之间;限价销售,实行物价部门核定的政府指导价;享受政府的优惠政策,政府对经济适用住房项目实行土地行政划拨,并减免相关行政事业性收费

(续表)

时间	名称	主要内容
2005年	《南京市城镇最低收入家庭廉租住房保障实施细则》	针对最低收入家庭,根据保障对象的不同情况,实施以租赁补贴为主,租金减免、实物配租为辅的保障,满足最低收入家庭的基本生活需要。廉租住房保障资金的来源主要包括:每年财政安排的专项资金;住房公积金增值收益中可用于城市廉租住房的补充资金;社会捐赠的资金;其他渠道筹集的资金
2006年	《2006年度经济适用住房指导价格的意见》	经济适用房指导价改为"全市总限价",控制在每平方米2500~2700元以内;建设单位应经经济适用住房供应价格的30%,另行向政府缴纳政策性差价,该款项专项用于经济适用住房建设
2007年	《南京市政府批转市建委关于中低价商品房建设与销售管理实施意见的通知》	中低价商品房建设应坚持"政府调控、市场运作,科学规划、完善配套,分散建设与集中建设相结合"的原则。供应对象要求:江南八区范围内,按照市政府现行城市房屋拆迁管理办法被拆迁的;拆迁补偿额在30万元(含本数)以下,未申购经济适用住房的;本市常住人口;除拆迁范围以外,在本市无其他住房
2008年	《江苏省政府关于解决城市低收入家庭住房困难的实施意见》	合理确定低收入家庭收入标准。各地确定低收入家庭收入标准,原则上要覆盖20%以上的城市家庭。科学制定住房困难标准和保障面积标准。多渠道增加廉租住房房源
2010年	《南京市保障性住房价格管理办法》	保障性住房价格实行最高限价,原则上不超过同地区普通商品住房实际成交价格的60%。在保持项目收支总体平衡,保本微利的情况下,针对不同用途和供应对象,实行差别定价
2011年	《南京市公共租赁住房管理办法》	供应城市中等偏下收入住房困难家庭的公共租赁住房以成套住宅为主;供应新就业人员、外来务工人员的公共租赁住房以宿舍为主。城市中等偏下收入住房困难家庭,初次承租公共租赁住房的期限为5年;新就业人员初次承租期为3年

表格来源:作者根据相关政策文件整理

对应国家要求，2009年以后南京大规模建设保障性住房，其保障体系和保障对象等方面都呈现出新的特点。在保障体系方面，从以往的以经济适用房为主转变为多种类型保障房共同保障，尤其是新增了人才公寓和公共租赁住房的建设。在保障对象方面，保障范围进一步扩大，实现城市低收入群体应保尽保，同时通过公共租赁住房的大力建设实现对新就业大学生、各类创业人才以及外来务工人员等的住房支持。南京市廉租住房制度实行的仍然是"双补"原则，以城市租赁住房补贴为主，以租金核减、实物配租为辅的廉租房住房制度。除此之外，对廉租房的申领对象也作出了严格的限定，首先必须是住房困难的城镇贫困家庭，包括低保家庭和低收入家庭（人均月收入在1000元以下）；其次必须是具有南京市户籍满5年以上，家庭住房面积人均不足15 m^2。

5. 南京市住房保障制度演变特征

通过对中国住房制度和南京市保障性住房制度的时态分析，可以总结出政策变迁的特征和趋势。第一，城市发展宏观背景的变迁，尤其是房改、城市拆迁等的阶段性目标影响并制约着住房保障政策的制定及实施效果。具体到南京，经济适用房在不同阶段表现出明显的"解决城市住房短缺问题""推动住房货币化""旧城拆迁工具"的阶段性功能特征。直到2007年，南京的保障性住房才实现真正意义上的社会保障功能，住房保障的覆盖面进一步扩大。第二，保障方式多元化，逐步建立了多层次的住房保障体系，逐渐由产权式保障向租赁式保障转变。以经济适用房为代表的产权式保障制度为解决中低收入群体的住房困难问题做出了巨大贡献，但寻租空间巨大、容易滋生腐败、退出难度较大并由此产生的社会不信任等也是其面临的现实问题。在此背景下，公共租赁住房和廉租房等租赁式保障成为保障性住房的主体。2011年以后南京市也进一步强调了公共租赁住房等租赁型保障住房的主体地位。第三,住房保障范围进一步扩大,使更多的住房困难家庭受益。保障对象也不再局限于城镇中低收入住房困难家庭,在有条件的地区和城市开始由解决户籍人口的住房问题转向解决城市常住人口的住房问题。2007年以后,南京住房保障对象和范围进一步扩大,不仅包括城市中低收入住房困难群体,同时还将符合条件的新就业大学生、各类创业人才以及外来务工人员纳入住房保障范围。

5.3.2　南京市保障性租赁住房政策实施成效与评价

1. 南京市保障性租赁住房政策实施举措

近年来,南京作为中央财政支持住房租赁市场发展试点城市,一直在积极探索新思路、新方法,密集出台各项政策(表5-4),同时拿出真金白银让各项政策"落地生花"。2021年以来,政策主要聚

表5-4　南京保障性租赁住房部分政策梳理

时间	文件	主要内容
2021-03-03	《南京市空间要素保障创新计划和若干配套政策》	扩大租赁住房土地供给,鼓励自有用地建设租赁住房。在扩大租赁住房土地供应方面,南京支持国有平台在地铁沿线建设租赁住房,保障新城市人口安居需求;鼓励高校、园区、企事业单位在自有用地上建设租赁住房,优先用于人才安居保障。租赁住房建设必须符合规划、环保、消防等相关要求,纳入年度租赁住房建设计划,建成后统一纳入市房屋租赁服务监管平台管理,建成后土地用途不变,暂不补交土地出让金、土地年租金
2021-04-01	《南京市2021年度住宅用地供应计划》	全市住宅用地计划供应919 hm^2,其中商品住宅用地710 hm^2,另有租赁住宅用地87 hm^2

(续表)

时间	文件	主要内容
2021-07-13	《南京市住房租赁企业租赁资金银行监管实施细则(试行)》	承租人按照合同约定向住房租赁机构支付租金周期在3个月以上的,住房租赁机构应将收取的租金、押金纳入资金监管范围
2021-11-02	《南京市"十四五"城镇住房发展规划》	完善多层次住房保障供应,持续供应公共租赁住房,因地制宜发展共有产权房,加强保障性租赁住房供应,推进征收安置房按需建设,持续完善租赁补贴政策,"十四五"期间,计划筹集保障性租赁住房不少于12.5万套,促进解决新市民、青年人住房困难
2021-12-08	《南京市住房租赁企业信用管理办法(试行)》	未来南京的住房租赁企业将被评定为4个信用等级,A级住房租赁企业将优先享有代办房源核验、合同网签备案等房产业务
2022-01-09	《南京市发展保障性租赁住房实施办法》	到"十四五"期末,南京市将筹建保障性租赁住房15万套(间),发放租赁补贴25万人,惠及不少于50万户家庭和个人

表格来源:作者根据公开资料整理

焦在"租赁供应"和"市场监管"上。租赁供应上提出保障性租赁住房建设用地纳入年度土地供应计划,实行计划单列、优先安排,采取出让、租赁、划拨等方式供应;市场监管上强调规范租赁企业经营行为,积极发展健康规范的租赁市场。

南京市人民政府2022年印发的《南京市发展保障性租赁住房实施办法》(宁政规字〔2022〕1号),适用于南京市行政区域内保障性租赁住房的规划、建设、供应和监督管理。"小户型、低租金、解决职住平衡是南京保障性租赁住房建设的三大重点",紧扣这三大重点推动保障性租赁住房建设,有利于租赁市场结构性供应不足得到明显改善。除了新建保障性租赁住房以外,南京在存量盘活方面也取得了阶段性成果。浦口区"租赁＋物业"管理服务模式获得高成效：截至 2021 年底，浦口区 156 个成型小区、26 个社区服务窗口租赁宣传实现全覆盖，136 块户外大屏 24 小时滚动播放租赁政策法规；获取租赁信息 17 万条，初步核实 1.7 万套（间）租赁住房。从 2022 年开始，全南京市范围内开展"租赁＋物业"试点工作；优化提升"宁慧租"平台服务效能，为物业企业和小区业主、新市民等找房、租房提供更好条件；努力将南京从"试点城市"打造成为住房租赁市场发展的"示范城市"。

进入新时代，能否吸引年轻人到城市创新创业，成为衡量城市发展活力的重要指标，城市人口增减也成为影响城市发展的重要因素。《南京市发展保障性租赁住房实施办法》的实施，缓解了以新市民为主体的蓝领工人、技能型人才以及以大学生、研究生为主体的青年人才等群体的住房困难，更容易吸引以大学生、研究生为主体的年轻人以及不同层次人才来南京就业创业，也有利于扩大城市人口。

2. 南京市保障性租赁住房政策亮点

其一，明确保障性租赁住房套型建筑面积标准。新建的保障性租赁住房套型建筑面积原则上应当控制在 70 m² 以内，以 30~60 m² 为主。已建成或者已立项的项目，纳入保障性租赁住房进行管理的，建筑面积可以适当放宽，原则上不超过 90 m²。同时，改建项目应当以整栋、整单元、整层（应具备独立交通空间）为基本改建单位，原则上不得少于 50 套（间）且总建筑面积不少于 2000 m²。

其二，在鼓励利用存量项目改建保障性租赁住房的同时，列出不得作为保障性租赁住房项目的"负面清单"。包括土地性质为三类工业用地和三类物流仓储用地的非居住建筑、土地剩余使用年限低于六年的项目、房屋已被列入征收范围的项目。

其三,落实土地支持政策。保障性租赁住房建设用地纳入年度土地供应计划,实行计划单列、优先安排,采取出让、租赁、划拨等方式供应。以出让或者租赁方式供应的,可以将保障性租赁住房租赁价格及调整方式作为出让或者租赁的前置条件,允许出让价款分期收取,每期等额、最多三期,期限一般不超过两年。

其四,充分运用金融手段和多种金融工具,为保障性租赁住房项目提供低成本、长期性的稳定资金支持。保障性租赁住房建设单位可以以集体经营性建设项目用地使用权办理抵押贷款。

其五,承租人与保障性租赁住房产权单位或者受委托的运营管理单位应当依法签订书面租赁合同,租赁期限原则上一次不超过3年。保障性租赁住房产权或者运营管理单位应当委托有关机构按年度或者适时公布保障性租赁住房周边同地段同品质的市场化租赁住房评估租金,保障性租赁住房的优惠租金标准按不高于评估租金的九折确定,租金年度涨幅不得超过5%。

3. 南京保障性租赁住房政策特点分析

(1) 多主体,多渠道扩充租赁房源

"国家队"进军租赁市场,推动"住有所居"。目前南京共有36家企业参与租赁住房的建设,从南京租赁用地拿地、建设面积前5名企业来看,市区两级国有企业为拿地主力企业,占比80%(表5-5)。其中,南京江北新区管委会在2018年拿取8块租赁用地,这8块地主要分布在六合化工园、高新区生物医药谷、研创园等多个区域,有效促进职住平衡;地块建设面积近60万 m^2,若按套均60 m^2 计算,项目约可提供10 000套租赁房源。其次,南京东南国资投资集团有限公司于2018年、2021年取得三块租赁用地,总建设面积近20万 m^2。值得注意的是,民营企业江苏富鑫达企业发展有限公司在2019年以底价取得13万 m^2 的租赁用地,位居拿地规模第四名。

表 5-5　2018 年至 2021 年南京招拍挂租赁用地拿地、建设面积前 5 名企业

序号	单位名称	总建设面积/m²
1	南京江北新区管委会	597 915
2	南京东南国资投资集团有限公司	197 409
3	建设银行	139 931
4	江苏富鑫达企业发展有限公司	133 919
5	南京市国有资产投资管理控股(集团)有限公司	126 153

数据来源:CRIC 城市租售系统

从拿地方式来看,2018—2020 年,企业拿地以租赁用地为主,且以国企为主,发挥先行先试作用。2021 年后以"拿地配建"的方式获得租赁用地,纳入土地出让方案后,一方面有效保障性租赁住房用地供应比例;另一方面也筛选出了具有资金实力和开发经验的开发商参与项目开发建设,确保租赁住房的有效开发。

从项目布局来看,新增项目充分考虑城市基础设施和交通出行条件、周边产业布局、人口发展趋势和区域存量住房状况等因素,主要安排在产业园区及周边、轨道交通站点附近和配套设施相对完善的区域,促进职住平衡。

(2) 全国布局品牌和本土品牌抢滩南京租赁市场,头部企业有优势

全国布局品牌和本土品牌抢滩南京市场,市场发展有潜力。从入驻品牌来看,南京共吸引二十几家长租品牌,冠寓、东南青年汇、E＋青年公寓、魔方公寓等企业市场占比较高,全国布局品牌和本土品牌企业平分秋色。从发展空间来看,目前南京集中式公寓项目共计 182 个,以白领公寓为主,开业规模 2.6 万间,但机构渗透率仅有 4% 左右,仍远低于国际上发达国家房屋租赁机构的平均比重

(30%),行业依然有广阔的发展空间。

从南京集中式公寓开业规模前10名来看(表5-6),企业开业规模占比超90%,头部企业效应明显。冠寓在南京共计16个项目,约40%的项目开业规模在300间以上,拉高了整体的市场份额,总体开业规模为5023间,位居第一;其次为东南青年汇,作为南京东南国资投资集团全资子公司,东南青年汇品牌依托国资平台优势,截至2021年,已布局鼓楼、玄武、建邺、秦淮、栖霞、雨花台、浦口、江宁、溧水、高淳等区域,公寓门店20余个,已发展成为南京区域内具有影响力的长租公寓企业和创业创新综合服务平台;除此之外,魔方公寓、泊寓、方隅等全国布局企业看好南京市场,争相布局。

表5-6 截至目前南京集中式公寓开业规模前10名

序号	长租公寓品牌	房间数量(间)
1	龙湖冠寓	5023
2	东南青年汇	4194
3	E+青年公寓	3855
4	魔方公寓	3633
5	朗诗寓	2099
6	万科泊寓	1797
7	自如贝客公寓	1206
8	未来域	755
9	方隅公寓	492
10	You+国际青年社区	480

表格来源:CRIC城市租售系统

南京自2019年成为全国完善住房保障体系和住房租赁市场发展双试点城市以来,持续推进保障性租赁住房建设。近年来,南京持续加大住房保障工作力度,逐步形成广覆盖、分层次、多元化的住房保障体系。国企及地方政府发挥先行先试作用,通过租赁地块的新建物业,缓解住房困难问题,促进职住平衡;市场化租赁机构结合自身优势,提升运营能力和服务能力,缓解租赁结构性供给不足的矛盾。国企和市场化企业联手,确保房地产市场平稳健康发展,为住房保障工作提供南京经验。

5.4 南京市保障性租赁住房空间布局特征

5.4.1 南京保障性住房空间布局特征

1. 空间分布不均衡

首先是主城内和远郊呈分散分布,主城边缘集中分布。以江南八区经济适用住房项目为例,至2011年底建成的70余个经济适用住房项目中约有60%集中在主城东侧绕城公路沿线,主城内和远郊地区的经济适用住房小区多分散布局。主城内的经济适用住房项目多为旧城更新项目,规模小,分散建设在老城内;远郊的龙潭新城和板桥新城内也分散建设若干项目。而且从规模角度看,70%的项目集中分布于主城边缘。

其次,各行政区范围内分布不均衡。全市范围内,市区(江南八区)集中而三区两县(江宁区、浦口区、六合区,溧水和高淳两县)分散。2002年以来建设的保障性住房项目多集中在市区,虽然从2010年开始三区两县的建设量有所增加,但市区仍然是保障性住房建设主力,2011、2012年分解指标中市区建设任务在总量中的比重都在70%以上(图5-7)。从2009年以来,江宁、浦口、六合等其他区的保障性住房建设在逐步增加,缓解了主城建设的压力。"十二五"规划的保障性住房位于江宁和浦口两区的约占 55%（图 5-8），规划选址的 2600 多公顷用地中约 40% 位于两区内，未来向栖霞、雨花两区集中的趋势将得到缓解。

图 5-7　2011、2012 年南京市保障性安居工程计划分解

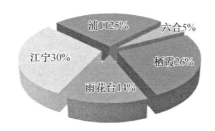

图 5-8　南京"十二五"时期保障性住房规划各区所占比重[4]

上坊保障性住房片区位于江宁区，岱山保障性住房片区位于雨花台区，丁家庄保障性住房片区、花岗保障性住房片区位于栖霞区。而位于南京市中心的鼓楼区、玄武区、秦淮区以及长江西岸的浦口区等行政范围内的保障性住房相对较少。我国保障性住房建设在"十五"规划时期已经开始，经过十几年的发展，在中低收入人群住房难问题仍然比较突出的情况下，近年来却出现了保障性住房空置

率高的特殊情况。南京市四大保障性住房片区中,距离南京中心区域最近的是丁家庄保障房片区,距离为 10.1 km,四大保障性住房片区围绕市区呈半环状分布,全部属于郊区的偏远地段,导致市区很多中低收入人群因距离的限制,不能享受到保障性住房的优惠。

2. 组团集聚

主城边缘的保障性住房住区呈现组团集聚的态势(图 5-9),且

图 5-9　江南八区在建、已建保障性住房住区组团集聚示意图[4]

组团间的间距在 1~2 km。如银龙花园,从 2005 年开始建设第一期,目前第七期正在建设中,组团不断往外扩散壮大,组团之间的间距也逐渐缩小,部分组团沿城市主要发展方向扩展的趋势初现端倪。

3. 单个住区规模大型化

早期南京保障性住房建设也采用混合建设的方式,但其后快速建设的经济适用住房则采用集中建设的方式,如春江新城、南湾营片区等。南京目前已建在建的经济适用住房小区多数用地规模超过 30 hm^2,用地规模在 8~10 hm^2 的仅有少数几个住区,如青田雅居、翠林山庄等,另外的住区用地规模集中在 20~30 hm^2。其中如春江新城、南湾营片区以及四大保障型住区的用地规模都在 80 hm^2 以上,总建筑面积超过 100 万 m^2,居住人口均在 3 万人以上,单个住区规模远远大于市场开发的普通商品房项目。

4. 远离大容量快速轨道交通

南京保障房片区位置分散,面积较大,许多公共交通和设施仍然处于建设之中。通过相关资料整理研究,本文分成区位、公共交通、周边公共设施、小区内部配套设施水平四个方面进行分析。南京保障房片区大多位于南京主城区最外围的近郊或者郊区(图 5-10),直接影响了相关公共交通和配套设施的建设力度,不论是政府资金的投入还是资源的占有都与市区有很大差距,开发建设时序也晚。在公共交通建设方面,保障房建成时,除丁家庄保障房片区有 5 条白天运营的公交线路外,其他片区公交线路都比较少;岱山片区公交线路只有 2 条,人口与交通的比例严重失调。在保障房片区内,公交线路多为区内交通,想要到达南京市区需要换乘。

江南八区已建成的经济适用住房集中分布于距离城市中心(新街口)9~15 km 的范围内,已经超过了非机动车合理车程范围。因

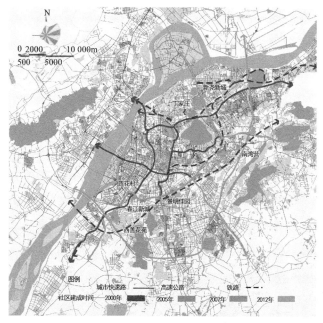

图 5-10　南京保障房项目布局与大型保障房社区分布　　图 5-10 彩图链接

图片来源:作者根据文献[7]改绘

此居民出行对公共交通尤其是地铁的依赖性增加。但是由于南京地铁建设起步晚,覆盖范围小,且大部分的保障性住区远离地铁站点,其中有 5 个住区位于地铁合理换乘范围(10 min 非机动车)内,仅 1 个住区(仙鹤门)位于地铁站点合理步行范围(步行 10 min,半径 800 m)内,住区居民的日常出行仍主要依赖非机动车(电动自行车)和公交。而由于大多数住区位于交通(公交)耗时 45 min 范围以外,居民出行的交通耗时多,若依赖地铁—公交换乘,则增加交通成本。

5. 居住与就业分离

除上坊片区附近公司企业较多外,南京保障房片区周边能提供的岗位十分有限。居住在其中的人们不得不每天做钟摆式运动,往返于居住地点与工作地点之间,时间成本与金钱成本浪费在路上的过多,有效运作效率低。

6. 保障房街区尺度过大

在南京保障性住房的开发中,街区尺度过大问题明显。例如上坊片区保障性住房老镇北侧居住区,总用地面积 125 hm^2,规划总建筑面积 200 万 m^2,约 1.4 万套保障性住房;丁家庄片区迈皋桥居住区总用地面积 85 hm^2,规划总建筑面积 188 万 m^2,住宅建筑面积 139 万 m^2,可容纳 1.9 万户家庭居住;花岗保障性住房马群街道居住区总用地面积 135 hm^2,规划总建筑面积约 211 万 m^2,安排保障性住房 1.6 万套;岱山保障性住房西善桥居住区总用地面积 223 hm^2,规划总建筑面积 380 万 m^2,安排了保障性住房 3.2 万套。以上数据显示,南京保障房片区内居住区尺度都存在过大的问题,使原本不完善的基础设施和公共交通系统与人口数量之间的矛盾更加突出。街区尺度不断扩大的趋势与社会许多方面因素的发展都有一定关系,小汽车的普及、国家体制的改革、土地开发模式等因素的改变使单独街区范围不断扩大都在一定程度上引发上述问题。

5.4.2 保障性住房选址布局建议

住房保障是我国社会保障政策的组成部分,在为弱势群体提供基本住房的同时,在城市空间资源分配中也应向弱势群体提供社会支持。保障性住房布局是否合理对中低收入人群的生活有很大的影响。保障性住房的分布应综合分析各种制约因素,合理规划建设,充分考虑普通大众基本生活需求,使中低收入家庭真正得到经济而又舒适的住房。

1. 结合城市总体规划的原则

南京城市总体规划（2007—2020年）提出了"主城—副城—新城—新市镇"的城镇等级结构，"多心开敞、轴向组团发展"的布局结构，并提出在2020年，主城人口过于集中的状况应得到较大改善，保障性住房可结合副城和新城同步规划建设（表5-7），引导人口向副城、新城布局和转移。

表5-7 南京2020年都市区人口分布规划表

规划单元	2007年人口（万人）	占总人口比例（%）	2020年人口（万人）	占总人口比例（%）
主城	351	64.76	380	45.2
副城	135	24.91	315	37.5
新城/新市镇	56	10.33	145	17.3
总计	542	100	840	100

表格来源：作者根据《南京市城市总体规划（2007—2020）》绘制

2. 结合产业布局原则

南京产业布局以各级开发园区为载体，形成圈层式的产业布局，主城范围内以现代服务和都市产业为主，二环范围内以现代服务业和高新技术产业为主，三环范围内以发展先进制造业、现代物流和休闲旅游等产业为主。保障性住房须考虑居民就业和交通出行问题，可以结合副城、新城建设，依托开发区布局。

3. 结合公交枢纽布局原则

南京将实施公交优先战略，加快以轨道交通为主体的公共交通建设，并将轨道交通向副城、新城延伸。保障性住房建设可借鉴新加坡、中国香港等的经验，将保障性住房布局在公交枢纽站点附近，以方便低收入居民低成本出行。

4. 集中与分散布局相结合原则

保障性住房建设应因地制宜,既可以在有条件的新区,临近就业岗位集中地区或公交站点相对集中地区布局,也可以结合土地出让面积较大的居住用地按比例配建,以更好地解决居民就业和社会和谐建设等问题。

5.5 南京市保障性租赁住房设计案例

丁家庄大型保障房社区建设于 2010 年,是南京四大保障房项目之一。项目规划总用地面积 85 hm²,总建筑面积 168 万 m²,规划人口约 6.7 万人。社区位于主城区的东北部,隶属栖霞区西部迈皋桥街道,临近玄武区。

从社区形成特征看,丁家庄大型保障房社区属于提速阶段和大规模聚集开发的产物,作为四大保障房项目之一由市政府决策选址,由产业用地转化为居住用地;其居民来源多样,来自周边地区、下关滨江地区及鼓楼、玄武、栖霞等多个地区;保障房类型构成丰富,除了征收安置房还提供了公租房、廉租房、经济适用房等类型。

从城市总体区位特征看,丁家庄保障房社区属于城郊结合型,是城市周边区域交通衔接板块铁北地区的新生功能地块,周边地块发展零散,功能性薄弱,地块联系单一,处在城市北部带动发展区内;从就业区位来说,远离主城区就业中心,与周边新港制造业园区以高速公路相隔,南部毗邻物流园区,总体就业空间尚不成熟;从城市交通体系空间模式来看,丁家庄属于高速干线型,主要依靠东西向的华银路和南北向的宁洛高速支撑外部交通,地铁 7 号线丁家庄站点将带动社区向轨道交通型转型。

从社区与周边关系特征看,丁家庄保障房社区被周边区域交通干线和铁路线包围，构成相对独立、封闭的以保障性住房为主导的发展特征，与周边社区公共设施的共享性很低，需要依靠自给自足的方式配套公共设施。

从社区物质空间结构特征看，丁家庄大型保障性住区属于高强度、统一开发的大型住区；从公共服务设施布局方式来说，属于内部集中街道式布局的方式，形成小街区、密路网的街区布局特征。

5.5.1 总体布局特征

丁家庄一期项目整体布局体现"南北向生活主轴"和"小街区、密路网"的特征（图 5-11、图 5-12），庭院围合感和公共设施独立性强。采用"小街区"和"居住区—居住组团—居住小区"的分级规划方式，由道路围合 3 hm² 左右的街区，每 1～2 个街区构成一个地块；组团内部由 4～8 栋住宅建筑围合庭院，设计基层公共服务设施和公共绿地；组织南北向公共设施轴线，串联组织各邻里组团和街道（图 5-13）。

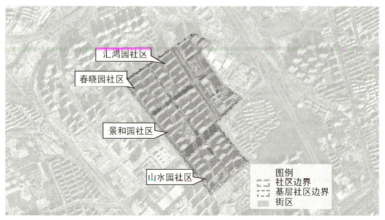

图 5-11 丁家庄大型保障房社区基层社区分布[8]

图 5-12　丁家庄社区总平面图

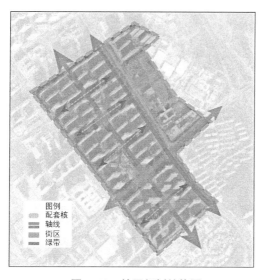

图 5-13　社区规划结构图

图 5-11～图 5-13
彩图链接

5.5.2 建设强度特征

丁家庄社区属于高强度、中密度大型保障房社区。社区整体开发强度为2.0,平均建筑密度约20%,居住用地总体强度达3.5。各基层社区居住用地开发强度和建筑密度较均衡,分别在3.6~4.2和20%~30%。其中汇虹园社区开发强度和建筑密度最高,景和园社区建筑密度最低。

从住房高度看,丁家庄社区属多层次高度组合的社区。社区住房平均为27层,其中60%为31~33层,30%为25~27层,10%为18层,有半数地块的住房高度组合包括以上三个层级。各基层社区中的平均住房高度基本均衡,平均住房层数都在22层以上。

5.5.3 住房特征

从建筑组合形式看,丁家庄社区住房组合属短板围合式,每个地块由不同高度短板住房和底层商业建筑围合,形成内向型庭院空间和外向型底层商业空间。从住房单体看,丁家庄住房建筑属现代板式集合住房,外观采用明快的暖色调板式盒子造型,设计遮阳方案和北廊式入口平面,单元出入口面向道路并设置无障碍步道,地面架空为公共区域。

从住房面积看,丁家庄社区住房采用狭长的小户型设计,户均套型面积为65 m^2。各基层社区户均面积有一定差异,廉租房、公租房和经济适用房为主导的汇虹园社区户均面积最小(50~60 m^2),山水园社区其次(60~70 m^2),其余两个社区在70~80 m^2之间。

5.5.4 交通系统特征

在道路系统和路网层级方面,属于"城市主干道—城市次干道—城市支路—居住组团道路—地块内部道路"的层级模式,整体形成小尺度网格式路网(图5-14)。居住区级道路形成一轴多枝的枝状串联路网,相邻地块之间共享"枝"型组团道路,地块内部形成内环式路网。

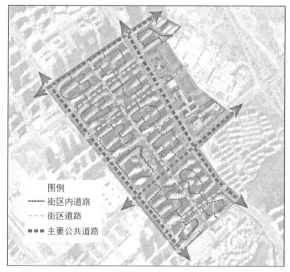

图 5-14 社区道路交通系统规划图   图 5-14 彩图链接

在静态交通方面,居住组团内的停车采用地下与地上相结合的方式。机动车停车位设在组团南北出入口附近的地下停车库及地块内机动车道沿线,非机动停车位则设在楼栋底层空间和地下停车库内。居住组团外的商业空间停车采用地面停车方式,机动车停车位设在组团道路两侧的商铺门前,非机动车停车位则设在南北向轴线道路的商铺门前。

在公共交通方面,于丁家庄二期项目北部建设轨道交通7号线丁家庄站点,2017年上半年投入施工,2022年底投入使用。7号线开通前,社区公共出行方式仍以公交车为主,公交站点设置在社区中部华银路沿线,公交线路较短,到市中心需要换乘。

有桩式和无桩式公共自行车在社区内都有布点,有桩式公共自行车布点位于北部汇虹园社区和南部山水园社区;无桩式公共自行车(共享单车)结合公交站点停放于社区中部华银路沿线。

5.5.5　公共空间与绿地系统特征

丁家庄社区公共空间与绿地系统形成"外侧滨河景观绿带+主轴街头广场+组团内部公共空间"的模式,景观绿地沿东侧滨河展开,主轴两侧街角人行道放宽形成与商业设施结合的广场,地块组团内由建筑群围合组团绿地与活动场地。

5.5.6　公共设施特征

按照南京市新建住区公共设施配套标准,丁家庄社区公共服务设施采用"居住社区—基层社区"二级层次组织,公共设施布局以"点+线+面"的形式展开,总体设施布点兼顾了重点空间和均好性。基层社区服务中心、少量基层社区公共服务设施呈"点"状布局于组团内建筑底层和主轴中部沿街建筑;社区商业设施、社区医疗服务设施和社区级服务中心沿南北主轴以底商形式呈"线"状展开,围绕各地块形成"鱼骨状"的公共设施街道;幼儿园、中小学等社区教育设施则独立占地,形成相对完整的"面"状(图5-15)。

各基层社区公共设施的配套面积和布局差异较大,春晓园社区和汇虹园社区公共设施容量明显较低,西侧地块到达东部公共设施的可达性不高,总体布局中的均好性并未落实到基层社区中。

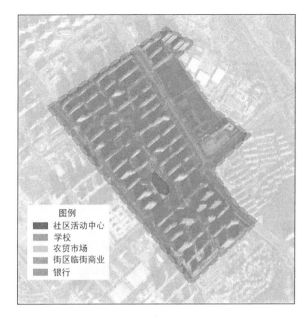

图 5-15 社区公共服务设施布局图　　图 5-15 彩图链接

5.5.7 小结

丁家庄大型保障房社区属高强度、中密度高层社区,物质空间具有小街区、密路网、强轴线特色。社区内交通系统、绿地与公共空间系统以及公共设施系统布局经整体性设计,体现出空间层次丰富、设施分布均好、重点空间突出等特征(图 5-16、图 5-17)。

但值得注意的是,社区高强度、小户型的空间特征可能导致人均居住面积和公共服务设施面积不足,影响社区空间的实际使用;小街区路网格局意味着道路面积增大,社区外部交通与内部交通易混杂,影响社区车行交通;社区东部布置独立的公共设施地块,易影响部分养老设施的可达性。

图 5-16　丁家庄社区效果图

图 5-17　丁家庄社区住栋效果图

将社区物质空间落实到基层社区划片中不难发现,基层社区划分方式可能造成社区间公共空间和公共设施的容量和人均差异,尤其是户均面积较小、建设密度较高、公共服务设施面积较小的汇虹园和春晓园社区。

5.6 南京市保障性租赁住房政策对我国大城市租赁住房发展的启示

近年来,随着城市城镇化进程的加速和流动人口规模的扩大,进城务工人员、新就业大学生等新市民、青年人的住房困难问题日益凸显。在此背景下,大力发展保障性租赁住房是对我国住房制度改革的新探索,是解决城市新市民、青年人阶段性住房困难的重要举措,也是确保房地产市场平稳健康发展的有效手段。南京市作为经济大省的省会城市、长三角特大城市,一直以来坚持"房子是用来住的、不是用来炒的"定位,加快建立多主体供给、多渠道保障、租购并举的住房制度,大力推进保障性租赁住房建设。

2019年以来,南京作为全国完善住房保障体系和住房租赁市场发展双试点城市,通过新建、改建、租赁补贴多种方式,积极增加住房供给。至2021年底,全市已筹建保障性租赁住房项目94个,共计4.1万多套(间),租赁补贴累计发放约25万户、26亿元,努力实现不同群体对"一张床""一间房"和"一小套房"的安居需求。"十四五"时期,为更好满足全体居民居住需求,促进住房中长期供需均衡,南京紧扣城市发展主题主线,继续牢牢坚持"房子是用来住的、不是用来炒的"定位,全力促进房地产市场平稳健康发展。

为进一步加快房源筹集,南京市政府印发了《南京市发展保障性租赁住房实施办法》,提出到"十四五"期末,南京市将筹建保障性租赁住房15万套(间),发放租赁补贴25万人,让保障性租赁住房的政策惠及不少于50万户家庭和个人,有效缓解新市民、青年人的阶段性住房困难,不断推动广大市民特别是新市民、青年人住有所居。

南京在建立健全住房租赁管理服务平台、加强全过程监管方面,被列入了经验清单。南京的新市民、青年人想要申请保障性租赁住房,就像在市场性租赁平台浏览普通房源一样方便。南京还对现有的租赁平台进行升级改造,开发保障性租赁住房管理模块,把保障性租赁住房的项目认定、联合审批、建设管理、租赁服务、租金监测、信用管理、满意度管理、奖补管理等应用集合在模块中。

5.6.1 夯实调控城市主体责任

不断完善人地联动、房地联动、政策协同等机制,切实稳地价、稳房价、稳预期,支持合理自住需求,遏制投资投机性需求,促进住房健康消费。

5.6.2 保持商品住房平稳供给

确保商品住房用地有效供给,优化商品住房供应结构方式,发挥好商品住房在满足居住、改善需求和稳定调节市场中的重要作用。"十四五"期间,全市年均新建商品住房上市量保持在8万套左右。

5.6.3 规范发展住房租赁市场

多渠道筹集租赁房源,落实个人出租闲置住房优惠政策,提高房源利用率;培育和发展住房租赁市场主体,不断规范房地产经纪机构租赁居间代理行为;完善住房租赁基础性制度,促进构建稳定住房租赁关系;建立住房租赁指导价格发布制度和租金监测机制,促进住房租赁市场平稳运行;完善长租房政策,促进租购住房在享受公共服务上具有同等权利。

5.6.4 加强房地产市场监督管理

规范房地产企业融资管理,加强商品房预售资金监管,有效防范房地产金融风险,推动市场长期稳健运行;加强商品房销售秩序监管,落实商品房销售现场公示制度,切实维护购房者权益;加强商品房项目交付监管服务,有效保障新建商品住房质量;规范存量住房交易市场,加大力度阻击"炒房客"哄抬房价和虚假房源、虚假销售等违法违规行为,不断净化市场环境;完善房地产行业信用体系建设,实施守信联合激励和失信联合惩戒,促进形成良性发展氛围;加强房地产市场监测分析,合理引导市场预期。

5.6.5 支持房地产开发企业转型升级

引导房地产开发由"单一地产"模式向"复合地产"模式转变,顺应城市功能需要和人口需求变化;引导房地产开发由项目开发向城市综合运营转变,提升房地产开发精细化水平,共同推动城市高质量发展;鼓励"房产＋健康"发展模式,推进在传统地产项目中引入社区健康管理服务,不断满足居民健康服务需求;支持房地产开发企业、科技企业和相关机构共同建立房地产科技生态圈,进一步赋能行业发展和创新,不断提升城市居住生活品质。

5.6.6 完善制度,促进协调统筹

根据国家层面住房保障体系的顶层设计,各地要因地制宜,结合实际完善本城市的住房保障体系。首先是每个地方的租赁住房

需求各不相同,而且在区域选择、土地来源、租金定价以及管理运营方面也有所区别,需要制定出适合本地区的保障性住房管理制度及操作细则。其次,保障性租赁住房从前期规划到开发建设,直至出租和运营管理,涉及不同管理部门,则要建立全流程的住房租赁服务管理平台,明确主责部门,建立科学的协同机制。其中住建部门作为主责部门,要加强组织协调和督促指导,土地、财政、金融、税务等部门则要加强政策支持、工作配合。此外,保障性租赁住房是政策性住房,政策的弹性空间和房地产流程严谨做好配合和衔接,还需要建立多部门联合审批机制,完善监管体系,既要简化流程,还要全过程监督。

5.6.7 优化布局,坚持供需匹配

坚持供需匹配是保障性租赁住房建设的一个重要原则。南京作为流动人口增量规模较大、毕业大学生流入较多的城市,是新市民、青年人租赁住房需求旺盛的城市,也是要重点发展保障性租赁住房的城市。

首先,各地要根据实际情况摸清城市的保障性租赁住房供需情况,通过新建、改建、筹建、改造等多种方式,切实增加保障性租赁住房供给。

其次,要科学制定保障性租赁住房的建设目标和年度建设计划,既要满足新市民、青年人实际租赁需求和承受能力,又不能出现建设的过度浪费及荒置,尽可能达到供需平衡。

此外,还要做好保障性租赁住房的区域供应布局平衡,不能因为保障性租赁住房会因经济功能弱而使其在选址上受到排挤,应将其重点布局在就业人口集聚度高、住房需求增长快的重点功能区,以及轨道交通沿线和产业园周边,实现职住平衡。

5.6.8 增加供给,引导多方参与

保障性租赁住房要充分发挥市场参与的机制。政府给予明晰的优惠条件和支持政策,以市场运营的方式引导多主体投资、多渠道供给。通过利用集体经营性建设用地、企事业单位自有闲置土地、产业园区配套用地、新供应国有建设用地,以及存量闲置房屋五类渠道来实现基本房源的基础提供,借助"新建""改建""盘活"等举措,加大保障性租赁住房供应。此外,要适应市场需求,提供差异化租住房屋类型,形成宿舍型、公寓型(包括人才公寓、青年公寓、学生公寓等)、配建新房型等多种形态的租赁型住房供应,有效提升保障覆盖面。同时,保障性租赁住房项目布局应与周边配套设施相适配,尽可能满足"15分钟便民服务圈"要求,建设宜居、宜业的保障性租赁社区。

5.6.9 持续发展,建立长效保障

探索建立微利可持续的保障性租赁住房运营机制。按照租金可负担、企业经营可持续的原则,引导企业建立科学合理的租金定价和运营模式。保障性租赁住房如果租金优惠幅度较小,就失去其保障性功能,也无法缓解新市民、青年人的租住压力。如果租金优惠幅度过大,则可能使原本就不高的租金回报率进一步降低,影响市场主体参与的积极性,甚至会影响到可持续运营。因此,制定合理的保障性住房租金价格,是推动保障性租赁住房发展及持续运营的重点。

此外,推动保障性租赁住房的可持续发展,另一个关键的要素就是全面落实土地、财税、金融等方面的支持政策,能够让参与的企业"算得过来账",这样才能推动其主动参与保障性租赁住房的开发

及运营,通过建立微利可持续的运营机制来实现保障性租赁住房运营的长效机制。

参考文献

[1] 张元端.中国房改28年路线图:六个阶段的时代背景[N].法制日报,2007-10-29.

[2] 陆璐.南京保障性住区低成本高效益景观设计研究[D].南京:南京工业大学,2020.

[3] 张建坤,李灵芝,李蓓,等.基于历史数据的南京保障房空间结构演化研究[J].现代城市研究,2013,28(3):104-111.

[4] 陈双阳.南京保障性住房空间分布特征及成因初探[C]//中国城市规划学会.城乡治理与规划改革:2014中国城市规划年会论文集(12居住区规划).海口:中国城市规划学会,2014:442-451.

[5] 郭莳,李进,王正.南京市保障性住房空间布局特征及优化策略研究[J].现代城市研究,2011,26(3):83-88.

[6] 马祚波.南京三大保障房项目全面启动[N].扬子晚报,2019-03-16.

[7] 陈双阳.南京江南八区大型保障性住区空间模式研究[D].南京:东南大学,2012.

[8] 张丹蕾.基于住房轨迹的大型保障房社区发展研究:以南京丁家庄大型保障房社区为例[D].南京:东南大学,2017.

第六章

济南市保障性租赁住房发展模式

6.1 济南市概况

6.1.1 济南市区位概况

济南市是山东省省会、副省级市、环渤海地区南翼的中心城市、特大城市,位于山东省中西部,南依泰山,北跨黄河,背山面水,分别与西南部的聊城、北部的德州和滨州、东部的淄博、南部的泰安交界,总面积 10 244.45 km²。

截至 2021 年,济南辖 10 个市辖区、2 个县、3 个功能区。市辖区包括市中区、历下区、天桥区、槐荫区、历城区、长清区、章丘区、济阳区、莱芜区、钢城区;县包括平阴县、商河县;功能区包括高新区、新旧动能转换起步区、南部山区。

6.1.2 济南市人口概况

第七次人口普查数据显示,截至 2020 年 11 月 1 日,济南市常住人口为 920.24 万人[1],是中国 14 个特大城市之一。与 2010 年第六次全国人口普查的 811 万人相比,人口增加了 109 万人,增长 13.44%,年均增长 1.27%。10 年来,济南市人口保持平稳增长的良好态势,常住人口总量在全省的排名提升到第 4 位。城镇常住人口达到 676 万人。

---

[1] 数据来源于济南市统计局门户网站. http://jntj.jinan.gov.cn/

6.2 济南市保障性租赁住房历史沿革与现状问题

6.2.1 济南市保障性租赁住房发展基础

"十三五"期间,济南市坚持"房子是用来住的、不是用来炒的"定位,深入推进住房供给侧结构性改革,持续完善住房市场体系和住房保障体系,保障性住房建设力度不断加大,保障覆盖面不断扩大,住房租赁市场的培育和发展步伐不断加快,初步构建起了租购并举的住房制度体系。

1. 城市发展情况

(1) 战略地位凸显,城市发展前景广阔

黄河流域生态保护和高质量发展国家战略明确了济南黄河流域中心城市定位,把济南纳入国家战略发展大局、生态文明建设全局、区域协调发展布局之中。《济南新旧动能转换起步区建设实施方案》获国务院批复,对推动形成区域发展新格局具有重大意义。省委、省政府大力实施"强省会"战略,支持济南争创国家中心城市。战略机遇叠加,全新的城市定位为产业发展、人口集聚奠定基石。

(2) 综合实力增强,城市能级和核心竞争力明显提升

"十三五"期间,济南主要经济指标占全省比重稳步提高,经济总量实现历史性突破。2020年,全市地区生产总值达到10 140.91亿元,占全省经济总量的13.9%①,实现历史性突破。城镇人均可支配收入达到53 329元,高居全省第二。随着城市首位度的不断提

---

① 数据来源于济南市统计局门户网站. http://jntj.jinan.gov.cn/

高以及省会城市辐射带动作用的发挥,济南对高效产业和优质人才的吸引力也在不断增强。

(3) 城市吸引力不断增强,人口稳定持续增长

截至2020年底,济南市户籍人口为806.72万人,常住人口为920.24万人,较2019年末分别增加9.98万人、29.37万人,济南已位列特大城市①。根据《济南市国民经济和社会发展第十四个五年规划和二〇三五年远景目标纲要》,"十四五"末济南市常住人口将达到1000万,常住人口城镇化率达到77%。从济南新增人口结构来看,青年和中年群体是城市新增人口构成的主力。

2. 保障性租赁住房政策保障情况

"十三五"时期,济南市扎实推进住房保障工作,城镇户籍困难群众住房条件得到极大改善。济南市相继出台了《济南市人民政府办公厅关于完善公共租赁住房保障工作的通知》(济政办发〔2017〕63号)、《济南市人民政府办公厅关于完善城镇住房保障家庭租赁补贴保障工作的通知》(济政办发〔2017〕60号)等配套政策,推动保障方式由实物保障为主转向租赁补贴和实物保障并举。2019年,财政部、住建部发布2019年中央财政支持住房租赁市场发展试点入围城市名单,其中共有16个城市,山东济南入围。济南市在政策体系方面相对完善,先后出台《济南市国有建设用地租赁住房建设和运营管理办法(试行)》《关于商业商务用地建设租赁型公寓的实施意见(试行)》等14项住房租赁配套政策,涵盖租赁住房装修标准、建设运营规范、承租人权益保障、居住安全等多个方面,初步形成较为完善的住房租赁市场培育发展政策体系。

---

① 数据来源于济南市统计局门户网站. http://jntj.jinan.gov.cn/

济南市通过利用国有建设用地新建租赁住房、产业园区配套职工宿舍、商品房开发项目配建租赁住房、改建非居住房屋用做租赁住房以及盘活社会闲置存量住房等方式,多种渠道增加全市租赁住房供给。房源筹集按照新建、改建、盘活3种方式进行,3年筹集租赁住房约15.8万套(间)。并且,济南市住房租赁企业已初具规模,重点培育14家国有住房租赁企业和10家以上专业化、规模化民营住房租赁企业,充分发挥国有住房租赁企业的主体作用。济南市初步搭建了信息化服务平台,开发建设的济南市住房租赁综合服务平台于2020年5月正式上线运营,平台基本实现市场主体登记备案、房源核验发布、合同网签备案、试点项目管理等全流程监管。目前有123家住房租赁企业、413家经纪机构及门店在平台登记备案,录入房源超过28万套(间)。

3. 保障性租赁住房试点实施情况

济南市结合自身试点情况制定了相关政策,例如《济南市完善住房保障体系发展保障性租赁住房试点实施方案》及相关配套政策,通过创新体制机制等途径,建立市场发展长效机制。政府方面积极争取信贷资源,与中国建设银行签订战略合作协议,为发展保障性租赁住房建设运营的市场主体提供300亿元额度的长期低息贷款。市住房和城乡建设局、中国建设银行山东分行与济南市多家大型企业签订三方框架协议,支持企业建设保障性租赁住房,并在此基础上,确定了一批试点项目。试点初步选定蓝海领航产业园配套项目、中科院新经济科创园配套项目、万科泊寓西客站项目、建信住房服务公司(济南)自持住房4个项目作为启动项目,带动保障性租赁住房发展。与此同时,济南市还搭建了监管系统,着手建立泉城安居平台监管服务系统,负责房源审核、合同备案、补贴申请等工作,规范行业管理。

6.2.2 保障性租赁住房发展沿革

"十二五"时期,济南市规划建设 4.4 万套公租房。2011 年 2 月,济南市政府进一步加大保障性安居工程建设,增加住房用地有效供应,优先保证保障性住房、棚户区改造住房和中小套型普通商品住房用地,在新增建设用地年度计划中,单列保障性住房用地,做到应保尽保。2011 年底前,建设保障性住房 3 万套,新开工公共租赁住房不低于 2.3 万套,向社会提供不低于 2000 套廉租住房,开工建设 5000 套棚改安置房。到"十二五"期末,新增公共租赁住房和廉租住房总量要超过 10 万套,力争享受住房保障的居民达到户籍总量的 10%。2014 年之后,济南市廉租房纳入公租房管理体系,取消了原廉租房政策规定的申请家庭收入准入限制,根据家庭收入情况,实行差别化租金和物业费。

"十三五"时期,济南市已建成 5.4 万套公租房,累计保障住房困难家庭约 10 万户次,其中约 1.8 万户外来务工家庭享受了公租房保障[①]。2019 年底,济南市被确定为国家完善住房保障体系试点城市,结合正在开展的培育租赁市场工作,推进保障性租赁住房试点,依托市场主要租赁企业、市区两级建设平台,多渠道筹集房源,为在济南的新就业大学生、外来务工家庭提供小户型、低租金的住房,解决新市民阶段性住房困难。2020 年 12 月,已筹集各类租赁住房 6.7 万套,其中新建改建房源共 4.3 万套,企业盘活闲置存量住房 2.4 万套。培育专业化、规模化住房租赁企业 10 家,为实现"住有所居"打下了坚实基础。

2022 年济南市政府办公厅印发了《济南市人民政府办公厅关

---

① 数据来源于济南市委、市政府门户网站. http://www.jnsw.gov.cn.

于加快发展保障性租赁住房的实施意见》(济政办发〔2022〕1号),突出住房的民生属性,扩大保障性租赁住房供给。"十四五"期间,采取新建、改建、改造、租赁补贴和盘活政府闲置住房等方式新增保障性租赁住房20.5万套(间),占"十四五"期间新增住房供应总量的30%,应当重点保障符合申请条件的新市民、青年人等群体,保障性租赁住房租金原则上不高于同地段同品质市场租赁住房租金的90%。

保障性租赁住房将进一步加强运营管理,优化提升"泉城安居"租赁住房管理服务平台,将符合规定的保障性租赁住房项目纳入平台统一管理。坚决防止保障性租赁住房上市销售或变相销售,严格依法查处违规出租、假借保障性租赁住房名义违规经营或骗取优惠政策的行为。

原则上优先在轨道交通站点周围建设保障性租赁住房,鼓励利用地铁上盖物业及轨道交通站点周边住宅建设用地建设保障性租赁住房,其中轨道交通站点2 km²范围内符合规划条件的建设用地原则上优先用于建设保障性租赁住房。产业园区、轨道交通站点附近以及商业商务聚集区周边已收储的城中村保障房建设用地可用于建设租赁型公寓。鼓励产业园区管理机构在新工业项目对应的厂前区用地集中设置、统一建设宿舍型保障性租赁住房。对企事业单位依法取得使用权的土地,在符合规划、权属不变、满足安全要求、尊重群众意愿的前提下,允许用于建设保障性租赁住房,依法变更土地用途,不补缴土地价款,以划拨方式取得的土地可继续保留划拨方式。允许土地使用权人自建或与其他市场主体合作建设运营保障性租赁住房。鼓励住房租赁企业参与盘活政府、企业及个人闲置住房,增加保障性租赁住房房源供给。

6.2.3 存在问题及原因分析

1. 现状问题

(1) 保障性租赁住房制度体系不健全

目前济南市已建立的住房保障体系是以公共租赁住房为主体,并通过租赁住房补贴进行托底,对低收入群体起到了一定的保障作用。但是济南市目前的住房保障体系较为单一,保障性租赁住房尚处于起步阶段,保障范围虽有所增加,但是在低收入群体和已经解决住房问题的群体之间,还存在一个"夹心层"群体,需要政府提供过渡政策,减轻低收入群体的购房财务负担,实现低收入群体的"住有所居"[1]。

(2) 保障性租赁住房房源不充足

落实现代化强省会战略,根据预期,济南市常住人口规模在2025年将超过1000万人,城镇化率将超过77%①,并以建设成为黄河流域经济增长极作为发展规划的战略定位,在持续提升人口承载能力的同时,实现经济的高质量发展。统计数据显示,济南市2020年的常住人口数量已经超过920万人。根据以上数据可以得出,到2025年,济南市常住人口将较当前预计增加135.6万人,若按照1.7%比例计算需要住房保障的人群,则至少有2.3万人需要接受住房保障,仅通过现有保障性住房清退等方式显然不能满足下一阶段的住房保障需求。

(3) 保障性租赁住房宣传不到位,多方协调共建不到位

租赁住房问题具有艰巨性、长期性和持续性,往往涉及各个部门以及多个领域,只有整合资源,才能确保各项工作的有序展开。

---

① 数据来源于济南市人民政府门户网站.http://www.jinan.gov.cn.

例如,目前济南市住房保障审核管理信息系统与绝大多数单位(部门)之间尚未实现互联互通,无法对相关信息交叉核验,亦无法发挥信息集约共享和大数据分析的优势;同时因资格审核工作属于程序性审核,客观上影响了住房保障资格审核的真实性,以及家庭人口、低保等动态情况掌握的即时性。通过对济南市住房和城乡建设局相关工作人员进行访谈了解到,有少数家庭涉嫌提供虚假信息获取优先选房资格;存在因收入提高不再享受低保保障,但仍按低保家庭租金标准交纳房租;以及在承租公租房后,申请人本人、配偶或共同生活子女又购买了商品住房,应退未退公租房等情况。

(4) 保障性租赁住房周边配套设施不齐全

目前已建的保障性租赁住房多位于城市近郊区,项目周边多为未开发地带。如此大规模的成片开发,造成项目相对孤立,周边根本没有成熟的居住区配套,或配套设施尚未开发完全,导致中低收入者不愿意居住,造成资源的浪费[2]。

(5) 保障性租赁住房不同阶层的居住隔离

城市居住空间分异的现象是在多种机制作用下形成的,包括社会阶层分化、城市功能结构转变、市场经济和住宅自有化的发展、流动人口涌入等多种因素的影响。但由于保障性租赁住房的主要供应对象是城市的低收入群体,建设方式的选择会对不同收入群体的居住空间分布带来影响。在城市的某些地方划出特定区域集中建设保障性住房,从表面看便于操作实施,但另一方面,却会加剧低收入群体的空间聚集现象,强化不同社会阶层在空间上的分化[3]。

2. 原因分析

(1) 管理者方面

第一,政府的重视程度不够。在全国范围内,各级政府都面临较严峻的保障性租赁住房问题,虽然中央多次强调住房保障问题,但对地方政府而言,其最关注的仍是地方生产总值增速、常住人口增速等指标,因此对商品房、安置房等能够快速增加地方生产总值的项目较为重视,而对住房保障重视程度不足,这一做法违背了坚持为人民服务的基本原则。由此可见,如果政府不及时调整施政理念,过度强调财政收入而忽视中低收入群体的住房需求,则必然会导致人民群众对政府产生不满情绪,影响社会的稳定。

第二,保障住房建设资金缺口大。目前,保障性住房建设资金来源主要集中在财政划拨款项,建设资金需要严格控制在年度预算内投资,多渠道融资模式尚未有效运用,但因保障性住房的建设具有投资周期长、投资金额大且回报率较低等特点,单一通过财政拨款的方式显然无法满足保障性租赁住房建设资金需求。

(2)租赁住房本身方面

其一,住房投资性价比低。就性质而言,保障性租赁住房是一种具有代表性的准公共产品,一般由政府负责提供,但是政府完全承担全部资源的供给并不现实,同样需要发挥市场机制。济南市对保障性租赁住房建筑要求较高,且保障性住房多为高层小户型,进一步加大了建筑难度及户型设计难度,而且需要开发商提前垫资,到后期才由政府购买并进行销售,投资的收益率较低,降低了市场力量的参与积极性。

其二,产品质量仍需提高。由于当前保障性租赁住房主要由政府财政担负,面对财政预算较少且建筑成本不断上涨的压力,各类保障性租赁住房大多选址在偏远位置,且后续配套设施因资金问题往往建设较慢,大幅降低保障性住房的吸引力,也降低了住户的满意度。

(3)被管理者方面

住房保障目标群体为城市中、低收入群体,该群体整体素质相对较低,对住房保障政策了解不足,对相应准入退出机制理解不透,一方面,极易造成应享有的住房保障福利未及时申请;另一方面,在享受住房保障福利后,又往往尝试将政府给予的福利固化,在不符合保障性住房政策条件后,仍设法拒绝退出,易引起保障性租赁住房房源紧张,无法形成良好的循环机制。

6.3　济南市全域保障性租赁住房规划情况

6.3.1　房源筹集

结合保障性租赁住房需求和存量土地、闲置房屋的情况,分类落实"十四五"期间筹集保障性租赁住房20.5万套(间)的目标(表6-1)。

表6-1　济南市保障性租赁住房分配规模

指标名称		单位	指标	指标性质
企事业单位自有闲置土地建设保障性租赁住房		套(间)	15 000	预期
产业园区配套用地建设保障性租赁住房		套(间)	35 000	预期
存量闲置房屋改建保障性租赁住房		套(间)	20 000	预期
新供应国有建设用地(含商业用地)建设保障性租赁住房		套(间)	50 000	预期
其他方式	城中村保障房建设用地建设保障性租赁住房	套(间)	20 000	预期
	地铁上盖物业建设保障性租赁住房	套(间)	10 000	预期
	新出让居住用地配建保障性租赁住房	套(间)	55 000	预期

表格来源:作者根据资料整理绘制

注:地铁上盖是以地铁为核心,在其上部空间建设地铁配套设施,进行商业、办公、住宅等多层次开发建设。

1. 企事业单位自有闲置土地建设

允许符合条件的企事业单位利用依法取得的自有闲置用地建设保障性租赁住房,变更土地用途,不补缴土地价款,原划拨土地可继续保留划拨方式;允许土地使用权人自建或与其他市场主体合作建设运营保障性租赁住房。

2. 产业园区配套用地建设

将产业园区中工业项目配套建设行政办公及生活服务设施的用地面积占项目总用地面积的比例上限由7%提高至15%,建筑面积占比上限相应提高,提高部分主要用于建设宿舍型保障性租赁住房;鼓励将产业园区各工业项目的配套比例对应的用地面积或建筑面积集中起来,统一建设宿舍型保障性租赁住房。

3. 存量闲置房屋建设

允许住房租赁企业、房地产开发企业等市场主体,通过改建、改造存量非住宅房屋,用作保障性租赁住房。政府给予政策支持,鼓励住房租赁企业参与盘活政府、企业等闲置房屋,向符合条件的新市民和青年人出租,有效增加保障性租赁住房房源供给。

4. 新供应国有建设用地建设

保障性租赁住房可通过新供应国有土地集中新建,集中新建的地块可采取出让、租赁或划拨等方式供应,其中以出让方式供应的,可按规定分期收取土地出让金。市自然资源和规划部门在编制年度住宅用地计划时,应适当提高保障性租赁住房用地供应比例,涉及新增用地的优先保障,探索相关企业依法依规利用商业商务用地建设租赁型公寓。

5. 城中村保障房建设用地建设

在城中村改造项目中按一定的比例配建保障性租赁住房。对于在产业园区、轨道交通站点附近及商业商务聚集区周边的未开工城中村保障房建设用地,也可用于建设保障性租赁住房。开发建设单位在报批规划方案前要制定配建保障性租赁住房方案,明确配建的总建筑面积、比例、套(间)型、总套(间)数及在项目中具体位置。

6. 地铁上盖物业建设

可在地铁上盖物业及轨道交通站点周边建设保障性租赁住房,其中轨道交通站点 $2~km^2$ 范围内规划建设地块原则上优先建设保障性租赁住房。

7. 新出让居住用地配建

严格落实保障性租赁住房配建政策,新出让居住用地按照规划住宅建筑面积的 10%～20% 实施配建。企业在新建商品房中超出规定配建比例持有租赁房源、开展住房租赁业务的,可在商品房预售许可和商品房预售资金监管等方面给予政策支持,在企业信用考核中给予加分,并引导金融机构给予贷款支持。

6.3.2 选址原则与空间布局

1. 选址原则

(1) 职住平衡,促进产城融合

通过六普、七普人口对比分析,济南市近10年人口呈快速流入趋势,现有人口集聚区域主要分布在历下区、市中区、历城区、济南高新区等中心城区范围内。为保障职住平衡,2022年底前,重点围绕中心城区租购需求热点区域进行布局。远期结合济南新十字方针,重点在新东站—济钢片区、济南高新区东区、中央商务区、汉峪金谷片区、济南新旧动能转换起步区崔寨片区和大桥片区、遥墙机场片区、济南国际医学科学中心片区、长清大学城、齐鲁科创大走廊、济南智能制造走廊等就业中心地区周边增加保障性租赁房源供给。

(2) 设施完善,提高生活便捷度

不同租赁群体对住房周边基础设施的需求主要体现在教育设施、医疗设施、商业服务设施及其他生活设施方面。问卷调查结果显示,新就业大学生对商业服务设施需求更高,年轻家庭对优质教育资源的需求更高。因此,规划发展保障性租赁住房应重点结合公共服务设施,在老城区围绕公共服务设施进行选址,在新区应与公共服务设施同步建设、同步交付。

(3) 轨道引领,落实 TOD 发展模式

租赁群体对保障性租赁住房邻近轨道交通设施意愿强烈,因此将轨道交通便利性放在租赁选择的首位。规划应重点围绕轨道沿线选址,特别是在轨道交通站点周边步行 500 m 以内较为适宜的区域分批建设保障性租赁住房。

2. 空间布局

"十四五"期间,济南市将构建"三大圈层三大分区"的保障性租赁住房发展总体格局,即第一圈层——优化提升区、第二圈层——重点拓展区、第三圈层——远郊发展区。各分区将以差异化的城市建设、功能提升、产业发展为引导,完善保障性租赁住房供给。

优化提升区包括历下区、市中区、槐荫区、天桥区;重点拓展区包括历城区、济南高新区、济南新旧动能转换起步区;远郊发展区包括长清区、济阳区、章丘区、莱芜区、钢城区、商河县、平阴县、南部山区(表 6-2、图 6-1)。

表6-2 济南市保障性租赁住房分区规划引导

圈层	类型	包含区县	保障性租赁住房规划引导
第一圈层	优化提升区	历下区、市中区、槐荫区、天桥区	未来保障性租赁住房需求旺盛,而城市建设空间可拓展潜力较小。重点利用企事业单位自有闲置土地建设、存量闲置房屋建设、盘活城中村生活保障用房等方式筹集房源,形成大分散小集中、高度融合的供给模式
第二圈层	重点拓展区	历城区、济南高新区、济南新旧动能转换起步区	未来济南城市发展空间拓展和人口集聚的重点地区,重点利用产业园区配套建设、存量闲置房屋建设、新供应国有建设用地建设、盘活城中村生活保障用房等方式筹集房源,并结合集体经营性建设用地建设,实现房源扩容增量
第三圈层	远郊发展区	长清区、济阳区、章丘区、莱芜区、钢城区、商河县、平阴县、南部山区	该区域是济南推进新型城镇化、城乡统筹发展的重要区域,也是重要的先进制造业基地。保障性租赁住房需求相对较小,重点利用新供应国有建设用地建设、产业园区配套建设、盘活城中村生活保障用房等方式筹集房源

表格来源:作者根据资料整理绘制

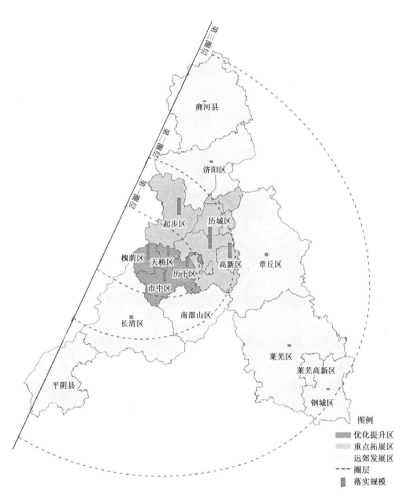

图 6-1　中心城市研究对象分布示意图

图片来源:作者自绘

6.4 保障性租赁住房实施保障机制

6.4.1 加强组织领导

将市住房保障工作领导小组调整为市保障性租赁住房工作领导小组，统筹推进保障性租赁住房相关工作，领导小组办公室设在市住房和城乡建设局。利用企事业单位自有闲置土地、产业园区配套用地、存量闲置房屋、新供应国有建设用地、城中村保障房建设用地、地铁上盖物业等建设保障性租赁住房，需报经市保障性租赁住房工作领导小组批准。各区政府（功能区管委会）作为发展保障性租赁住房工作的责任主体，要成立保障性租赁住房工作领导小组，统筹负责辖区内房源筹集、项目审批、质量监管、人房动态管理等工作。

6.4.2 健全工作机制

实施保障性租赁住房工作例会制度，健全工作调度、通报及督查机制。建立完善各单位、区保障性租赁住房工作的考核评价机制；建立发展保障性租赁住房监测自查制度，并将监测评价纳入对区政府（功能区管委会）及相关单位的综合考评。

6.4.3 严格监管措施

加强保障性租赁住房工程进度监管，确保按计划开工并完善相关建设手续；加强建设质量安全监管，将其作为监督检查的重点；加强运营监管，加强行业信用体系建设，规范市场秩序。在政策落实过程中，严格执行小户型、低租金的要求，严防出现变相的房地产开发,严禁保障性租赁住房上市销售或变相销售,严禁以保障性租赁住房为名违规经营或骗取优惠政策等行为。

参考文献

[1] 刘书鹤,刘广新.我国住房保障存在的问题与对策[J].中共福建省委党校学报,2007(8):85-89.

[2] 邓庆坦,马振伟,王飞,等.济南市保障性住房制度建设的问题与对策[J].山东建筑大学学报,2011,26(3):204-208.

[3] 孙桂琴.保障性住房建设中存在的问题及完善社会保障性住房体系的建议[C]//《建筑科技与管理》组委会.2012年4月建筑科技与管理学术交流会论文集.北京:《建筑科技与管理》组委会,2012:163.

第七章

住房租赁满意度模型构建

7.1 建立满意度模型

目前国内对住房租赁的影响因素研究较少,基于顾客本身出发的研究更少。顾客满意度理论逐渐形成之后,许多学者开始把该理论运用到对住宅市场的研究中,使对于居住满意度的研究具有较高的理论意义和实践意义。

7.1.1 研究目的与意义

研究目的是从使用者的角度出发,探究住房租赁市场租户满意度的影响因素,以期为该群体寻求租赁住房的改进方向,优化租赁住房形式、改善住房环境,使各层次的消费群体获得满意的住房体验,促进住房租赁市场健康有序地发展;建立一个合理的满意度模型,通过定量的数据及统计学的相关知识,获得使用者在平时使用过程中对社区环境、区域配套、邻里关系、建筑特点和环境质量等方面的准确客观的反馈;将满意度理论引入对住房租赁市场的研究之中,建立住房租赁市场承租人满意度模型,数据分析满意度的影响因素,以及各类型租赁住房住户的需求偏好,弥补住房租赁市场承租人满意度理论研究方面的缺失。

探究住房租赁市场租户满意度的影响因素,可以了解承租人的真实需求。对于政府而言,通过本研究可以了解我国租房群体的租赁住房需求现状,为不同需求群体提供相应的住房,根据各群体的需求合理规划公共配套设施和公租房、廉租房、人才公寓等保障性租赁住房,使资源配置得到优化。对于住房租赁市场的经营者,可以根据本研究得出的客观性的影响因素设计产品类型,开发租赁住房,寻求经营策略的优化方法,使企业获取更多的客源,促进租赁市场的健康发展,维护社会稳定。因此对当前住房租赁市场的租户满意度影响因素进行研究,对我国推进住房租赁市场发展具有极其深远的意义。

7.1.2 国内外研究综述

在发达国家住房租赁市场的起步时间比较早,发展较为成熟,且部分国家住房租赁市场已经在房地产市场中占据了较大的比例,其发展经验具有较高的参考价值。

1. 国外研究

Duncan MacLennan 研究了美国的私人住房租赁市场,指出影响租赁市场的关键因素为市场的整体稳定性和工作变动的可能性,并站在政府的角度提出对租赁住房市场的支持方式[1]。Deng Yongheng 等人使用比例风险模型对美国 1987—1998 年租赁住房数据进行实证分析,结果发现租赁住房的居住时间在各个细分市场之间存在显著差异,并受到租户属性、所处位置和市场特征的影响[2]。James 对美国老年长租公寓配租者进行研究,发现居住空间、隔音效果、生活环境、邻里关系均会对其满意度产生影响[3]。Salleh 对私人低成本租赁住房进行研究,发现住房服务、邻里设施和环境等因素与住户满意度有着较强的联系[4]。Mohit 等指出了大多数公共住房承租人对物业提供的服务和社区公共设施比较重视[5]。

2. 国内研究

随着我国城市化的发展,城市住房租赁市场需求逐渐增大,住房供给不足成为目前面临的较大问题,国内学界根据我国国情陆续对租赁市场展开了研究。

虞晓芬等从家庭及个体特征、住宅特征、小区环境、迁移因素及住宅权属等维度对租赁住房进行研究,发现社区配套、教育配套、环境状况、交通情况、承租人的性别与年龄等均为影响住户满意度的重要因素[6]。李世龙对选择租赁住房的农民工群体进行研究,发现个人属性、住房配套、住房面积和居住形式等因素均会对其满意度产生影响[7]。曾德珩等从建筑特征、区位环境、物业管理、社区运营、性价感知和企业形象等角度进行研究[8]。邵磊等从价格、住房品质、整租与合租、平均租住时间、平均通勤时间、家庭生命周期对租赁需求的影响等方面探讨了新市民的租赁居住需求的主要影响因素[9]。李璇等发现新市民租房行为取决于住房物理属性、经济属性、个人特征、家庭因素、制度环境等影响因素[10]。杨吉等以南京市城郊三区为例,基于有序 Logistic 模型,分析发现收入水平、月租金水平、房屋质量、周边治安情况、居民素质及邻里关系、购物便利性等因素,对租房满意度具有明显的正向影响[11]。农文钰使用 SMOTE 方法进行样本均衡化处理,运用有序 Logit 回归方法研究发现社区环境、家具配套、生活配套、交通出行、住房面积等因素均会对承租人满意度产生显著的正向影响[12]。

7.1.3 研究难点

从顾客满意度这个角度展开研究,所面临的最大难点是缺乏全面的、有代表性的使用者评价的调研;并且顾客满意是一个与顾客感觉有关的主观概念,其面临许多不可控因素的影响,在研究的时候易出现误差。另外,构建满意度评价模型一般采用专家评定法或者顾客打分法,在没有行业标准的情况下,如何比较准确、客观地确定各组成部分的权重也是研究难点之一,它间接影响最后的结果,对误差具有放大作用。本研究拟采用问卷形式对顾客、学生和专家进行调研,收集到的样本和信息量有限,获得较理想的问卷基数也是难点之一,在研究过程中应尽可能发放并收回更多的有效问卷,减小误差。

7.1.4 评价步骤

通过问卷调查的方式和李克特量表,探讨当前国内住房租赁市场的情况,寻求影响顾客在租赁住房时的因素,初步提取影响住房租赁因素指数和相关评价因素的重要程度排序。

考察顾客在住房租赁过程中影响其满意度的因素,获得相关使用者的评价,寻求评价的因素集。选取上海市住房租赁市场和济南市住房租赁市场作横向比较,并利用统计学的数据分析方法,验证所提取的各个评价因素与住房租赁满意度影响因素是否存在正线性相关关系。

利用层次分析法和统计学的数据分析方法,建立住房租赁满意度影响因素评价指标体系,对各个评价层次的评价因子构造判断矩阵,通过 Excel 软件运算求得各因素的权向量,从而对末级层次上的因子进行总排序。构建满意度影响因素评价模型和相应的因子权重,为建立评价因素集提供客观依据。

7.1.5 评价要素的构建和调查问卷的设计

1. 设计问卷

根据文献资料研究,本研究拟采用以下六个一级指标考察市民对住房租赁满意度影响因素的评价:①家庭因素,包括年龄、学历、性别、婚姻状况、家庭人口、家庭年收入、心理归属感、上班距离等;②品牌因素,包括住房品牌影响力、物业口碑等;③租约因素,包括出租方式(是否整租)、租约期限、房价等;④建筑因素,包括楼层、是否配置电梯、户型(房间数)、房龄、房屋朝向、建筑面积、装修情况

(包含隔音、水电)、家具配套设施等；⑤邻里因素，包括公共空间(健身、交流)、噪声状况、邻里关系、治安环境、停车位、小区整体环境等；⑥区位因素，包括距市中心距离、距商场距离、距公园距离、周边教育配置、距医院距离、距快递站距离、距地铁站与公交站距离、周边景点(人文、自然)等。采用语义差异量表设计调查问卷，该调查问卷的题目为量表题，包括 6 个一级指标和 36 个二级指标，把对每个指标的评价语义分为五个等级，如"B1 住房品牌影响力"的正反语义形容"非常影响—不影响"按照"不影响—不太影响—一般影响—影响—非常影响"分为五个程度，对应的分值为 5、4、3、2、1，分值越小影响越大。

2. **数据采集**

济南市问卷的派发主要通过三种方式进行。一是借助学生干部组织在校的 2020 级建筑学大三学生集体填写问卷；二是面向济南市民随机派发问卷进行调查；三是通过发放网络问卷进行调查，以保证问卷基数足够大。三种派发方式同时进行，对于出现漏填、不清晰、非逻辑等情况，研究者采用问卷追踪的方式加以跟进，保证问卷的质量和数量，提高研究的信度和效度。上海市问卷的派发主要通过借助学生干部组织上海理工大学 2020 级建筑学大三学生集体填写问卷。

3. **调查结果的统计与分析**

济南市评价主体主要是山东建筑大学 2020 级建筑学大三本科生和随机抽样的群众。其中，男性 53 名，女性 38 名，回收率为 93%，有效率为 97.85%。上海市评价主体主要是上海理工大学 2020 级大三学生。其中，男性 36 名，女性 24 名，回收率为 100%，有效率为 100%(表 7-1)。

206 | 国内大城市保障性租赁住房发展模式研究

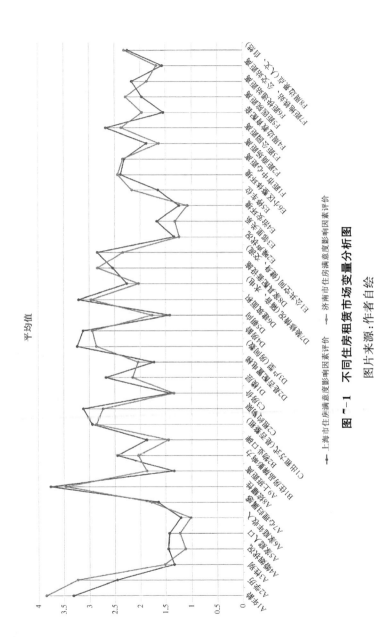

图7-1 不同住房租赁市场变量分析图

图片来源：作者自绘

表 7-1 评价主体背景信息

评价对象	问卷份数			评价主体背景		
	派出问卷	回收问卷	有效问卷	男	女	备注
上海市住房租赁市场	60	60	60	36	24	建筑学大三本科生
济南市住房租赁市场	100	93	91	53	38	
总计	160	153	151	89	62	

表格来源：作者自绘

4. 均值分析及单因素方差分析

以不同住房租赁市场作为自变量作均值分析，结果表明，36个评价因素得分的平均值，上海市住房租赁市场为 2.15，济南市住房租赁市场为 2.11，数据很接近，表明较为准确地反映了各评价因素得分情况（图 7-1）。

上海市和济南市住房租赁满意度影响因素数据显示，两城市各项得分起伏趋势相近，只有个别项差别较大，且除了"A1 年龄"和"A8 炫耀性"以外，两城市其余各项评价得分均值都在 1～3 之间浮动，表明大多数顾客认为所列住房租赁市场满意度影响因素在"3——一般影响"以上，也证明所列出的满意度影响因素基本符合当前人们对住房租赁的考虑需求。

上海市住房租赁满意度影响因素得分在 1.5 以下的有 A3 性别、A4 婚姻状况、A5 家庭人口、A6 家庭年收入、A9 上班距离、C3 房价、D5 朝向、E2 噪声状况、E4 治安环境 9 项，济南市住房租赁满意度影响因素得分在 1.5 以下的有 A4 婚姻状况、A5 家庭人口、A6 家庭年收入、B2 物业口碑、C3 房价、E2 噪声状况、E3 邻里关系、E4 治安环境 8 项，由此可以看出上海市和济南市分别影响顾客住房租赁最重要的几个因素。

表 7-2 均值及单因素方差数据

具体评价要素	平均值		单因素方差分析	
	上海市住房租赁满意度影响因素评价	济南市住房租赁满意度影响因素评价	F	Sig.
A1 年龄	3.32	3.85	0.835	0.705
A2 学历	2.46	3.24	0.747	0.659
A3 性别	1.34	1.52	0.637	0.652
A4 婚姻状况	1.45	1.12	0.608	0.652
A5 家庭人口	1.43	1.23	0.644	0.646
A6 家庭年收入	1.21	1.02	0.663	0.640
A7 心理归属感	1.65	1.78	0.677	0.623
A8 炫耀性	3.76	3.46	0.655	0.627
A9 上班距离	1.34	1.87	0.670	0.577
B1 住房品牌影响力	2.45	2.04	0.579	0.576
B2 物业口碑	1.87	1.45	0.644	0.585
C1 出租方式(是否整租)	2.94	2.86	0.710	0.587
C2 租约期限	3.12	2.73	0.716	0.580
C3 房价	1.41	1.34	0.778	0.567
D1 楼层	2.67	2.15	0.784	0.557
D2 是否配置电梯	1.73	2.04	0.888	0.564
D3 户型(房间数)	3.24	2.86	0.824	0.574
D4 房龄	3.12	2.94	0.895	0.548
D5 朝向	1.42	1.77	0.930	0.516
D6 建筑面积	3.21	2.96	0.841	0.517
D7 装修情况(隔音、水电)	2.26	2.03	0.890	0.466
D8 家具配套设施	2.54	2.84	0.955	0.478

(续表)

具体评价要素	平均值		单因素方差分析	
	上海市住房租赁满意度影响因素评价	济南市住房租赁满意度影响因素评价	F	Sig.
E1 公共空间(健身、交流)	2.84	2.34	0.859	0.456
E2 噪声状况	1.34	1.24	0.985	0.432
E3 邻里关系	1.67	1.32	0.946	0.411
E4 治安环境	1.24	1.08	0.807	0.400
E5 停车位	1.65	2.16	0.673	0.319
E6 小区整体环境	2.38	2.44	0.923	0.320
F1 距市中心距离	2.31	2.34	0.952	0.318
F2 距商场距离	1.87	1.63	0.968	0.322
F3 距公园距离	2.67	2.37	0.818	0.323
F4 周边教育配套	1.54	1.96	0.555	0.273
F5 距医院距离	1.96	2.28	0.845	0.258
F6 距快递站距离	2.16	1.86	0.868	0.275
F7 距地铁站、公交站距离	1.56	1.68	0.864	0.311
F8 周边景点(人文、自然)	2.24	2.31	0.808	0.089
总体评价	2.149	2.114	0.790	0.484

表格来源：作者自绘

F值越大，说明数据之间效果（差异）越明显；F值越小说明数据精度越高，也越能说明随机方差是主要的方差来源，处理的影响越不显著。表7-2中以不同城市住房租赁市场为控制变量进行单因素方差分析，结果表明，上海市与济南市住房满意度影响因素评价并无明显差异，仅在个别项差别较大，这可能是由评价主体的不同造成的。上海市住房租赁满意度影响因素的评价主体是上海理工大学2020级大三本科生,他们的年龄、教育背景都较为一致,而且他们在体验、评价的过程中可能不自觉地受自身专业素养的影响,更为关注建筑方面的优缺点,而忽视了自己作为使用者对舒适性、便捷性的感受。济南市住房租赁满意度影响因素的评价主体涵盖较广,他们的年龄、职业、受教育程度、社会背景、社会地位等都不尽相同,具有更为广泛的代表性。因此济南市住房租赁满意度影响因素的分析结果在一定程度上更为可信、更具有参考价值。

7.2 住房租赁市场综合评价指标体系的构建

7.2.1 建立层次结构

住房租赁具有多目标性和多层次性的特点,因此本文选取了较为常用的层次分析法(Analytic Hierarchy Process,AHP)进行评价体系建构,根据先导性研究所得的住房租赁满意度影响因素建立评价因素的递阶层次结构模型:把住房租赁满意度影响因素评价模型看作一个大系统,通过对系统多个因素的分析,划分出各因素间相互联系的有序层次;再请专家对每一层次的各因素进行较为客观的两两比较判断后,相应地给出相对重要性的定量表示,进而建立数学模型,计算出每一层次全部因素的相对重要性的权重,并加以排序;最后根据排序结果进行规划决策和选择解决问题的措施。以住房租赁满意度影响因素评价体系为目标层;与目标层直接关联的评价因素归结为六大类,作为准则层;隶属各准则层的具体评价因素则构成子准则层,每一个具体评价因素对上一层评价因素的综合评价作出贡献,从而建立起两级层次分析体系(表7-3)。

表 7-3 住房租赁满意度影响因素评价体系的递阶层次结构模型

目标层(T)	准则层(x1)	子准则层(x2)
住房租赁满意度影响因素评价体系	A 家庭因素	A1 年龄
		A2 学历
		A3 性别
		A4 婚姻状况
		A5 家庭人口
		A6 家庭年收入
		A7 心理归属感
		A8 炫耀性
		A9 上班距离
	B 品牌因素	B1 住房品牌影响力
		B2 物业口碑
	C 租约因素	C1 出租方式(是否整租)
		C2 租约期限
		C3 房价
	D 建筑因素	D1 楼层
		D2 是否配置电梯
		D3 户型(房间数)
		D4 房龄
		D5 朝向
		D6 建筑面积
		D7 装修情况(隔音、水电)
		D8 家具配套设施

(续表)

目标层(T)	准则层(x1)	子准则层(x2)
	E 邻里因素	E1 公共空间(健身、交流)
		E2 噪声状况
		E3 邻里关系
		E4 治安环境
		E5 停车位
		E6 小区整体环境
	F 区位因素	F1 距市中心距离
		F2 距商场距离
		F3 距公园距离
		F4 周边教育配套
		F5 距医院距离
		F6 距快递站距离
		F7 距地铁站、公交站距离
		F8 周边景点(人文、自然)

表格来源:作者自绘

7.2.2 准则层对目标层的权重计算

1. 指标权重值的求取

指标权重反映了该指标在整个评价体系中重要程度的定量分配情况,其合理性对最终评价结果的准确性起到直接影响作用。

2. 构造对比矩阵

在层次结构模型的基础上采用专家评判法,通过问卷采集专家对评价指标的成对比较判断数据,采用1～9比例标度法(表7-4)

来标示两个因素的相对重要性,从而构建出每一层次任意两个目标间相互比较的判断矩阵。设某一层次

$$A = (a_{ij})_{n \times n} = \begin{bmatrix} a_{11} & a_{12} & \cdots & a_{1n} \\ a_{21} & a_{22} & \cdots & a_{2n} \\ \vdots & \vdots & & \vdots \\ a_{n1} & a_{n2} & \cdots & a_{nn} \end{bmatrix}$$

总共有 n 个因素 $x = \{x_1, x_2, \cdots, x_n\}$,用 a_{ij} 表示第 i 个因素相对于第 j 个因素的比较结果,构建对比判断矩阵(A 即为判断矩阵)。

表 7-4 判断矩阵元素标度含义表

重要性标度 a_{ij}	含义
1	i 和 j 同样重要
3	i 比 j 稍微重要
5	i 比 j 明显重要
7	i 比 j 强烈重要
9	i 比 j 极端重要
2,4,6,8	介于上述两个相邻标度的中间值

表格来源:作者自绘

3. 特征向量计算及一致性检验

权重计算的常用方法有幂法、和法、根法。一般用和法精度已足够,步骤如下:

将矩阵按列归一化(即使列和为 1):

$$W_{ij} = \frac{A_{ij}}{\sum A_{ij}}$$

按行求和:

$$V_i = \sum_{j}^{i} W_{ij}$$

归一化：

$$w_i^0 = \frac{V_i}{\sum V_i}, i=1,2,\cdots,n。$$

所得 $w_i^0(i=1,2,\cdots,n)$ 即为 A 的特征向量的近似值。

计算最大特征根：

$$\lambda_{\max} = \frac{1}{n} \sum_i \frac{(AW)_i}{w_i}$$

一致性检验：

$$CI = \frac{\lambda_{\max} - n}{n-1}$$

当 $CR = \frac{CI}{RI} < 0.1$ 时，认为矩阵 A 的一致性在合理范围内，其中 CR 为随机一致性比率，RI 为平均随机一致性指标（见表 7-5）。

表 7-5　平均随机一致性指标表

阶数	3	4	5	6	7	8	9
RI	0.58	0.90	1.12	1.24	1.32	1.41	1.45

表格来源：朱小雷. 建成环境主观评价方法研究[M]. 南京：东南大学出版社，2005.

4. 组合权重计算

计算最底层所有因素对总目标的权重值是 AHP 的最终目的。在多层次指标情况下，应依循自上而下原则进行排序计算。本文中的组合权重由一级指标权重（B）乘以其下属二级指标权重（C）而得。即二级指标相对于目标层的组合权重为：

$$W = W_B \cdot W_C$$

其中，W 为二级指标层的组合权重值，W_B 为一级指标层对于目标层的权重值,W_C 为二级指标层对于所属一级指标层的权重值。

5. 住房租赁满意度影响因素指标权重值

笔者在 2022 年 6 月中旬就住房租赁满意度影响因素指标权重通过采用问卷调查的方式进行专家咨询,此次调查邀请的相关人员为华南理工大学、同济大学、天津大学和哈尔滨工业大学中相关学科和领域内的教授、副教授及讲师。在派发的 20 份问卷中,收回 13 份问卷,得到有效问卷 13 份,有效应答率占回收问卷数的 100%(表 7-6)。

表 7-6 专家问卷情况

受调查方	问卷份数			性别		平均年龄
	派出问卷	回收问卷	有效问卷	男	女	
华南理工大学	8	5	5	9(69%)	4(31%)	43 岁
同济大学	6	3	3			
天津大学	4	4	4			
哈尔滨工业大学	2	1	1			

表格来源:作者自绘

受调查者年龄跨度从 36 岁到 53 岁,在调查范围的广度上具有一定的代表性。在受调查的专家中,来自华南理工大学的有 5 位、来自同济大学的有 3 位、来自天津大学的有 4 位、来自哈尔滨工业大学的有 1 位,共计 13 位,男女比例为 9∶4,专家平均年龄为 43 岁。对这 13 位专家进行咨询,通过对评价体系中同一层次因子进行两两重要性比较,从而建立起比较判断矩阵。本次评价使用 1~9 的标度对矩阵进行赋值,其中 1,3,5,7,9 分别说明一个因子与另一个因子相比处于同等重要、稍微重要、明显重要、强烈重要、极端重要的地位,2,4,6,8 表示重要性处于两个相邻标度之间,若元素 i 和元素 j 重要性之比为 a_{ij},则 j 和 i 的重要性之比为 $1/a_{ij}$。

研究取13位专家对准则层x1的A、B、C、D、E、F六个指标两两比较赋值,取13位专家赋值的均值,根据标度函数构造两两比较判断矩阵,计算判断矩阵的最大特征根、特征向量,并进行一致性检验(表7-7)。

表7-7 准则层(x1层)指标判断矩阵表

	A家庭因素	B品牌因素	C租约因素	D建筑因素	E邻里因素	F区位因素
A家庭因素	1	5	4	2	3	2
B品牌因素	1/5	1	1/2	1/4	1/3	1/4
C租约因素	1/4	2	1	1/3	1/3	1/4
D建筑因素	1/2	4	3	1	1/2	1/3
E邻里因素	1/3	3	3	2	1	1/4
F区位因素	1/2	4	4	3	4	1

表格来源:作者自绘

对矩阵的各列求和,如表7-8所示。

表7-8 矩阵的各列求和表

	A家庭因素	B品牌因素	C租约因素	D建筑因素	E邻里因素	F区位因素
A家庭因素	1.0000	5.0000	4.0000	2.0000	3.0000	2.0000
B品牌因素	0.2000	1.0000	0.5000	0.2500	0.3333	0.2500
C租约因素	0.2500	2.0000	1.0000	0.3333	0.3333	0.2500
D建筑因素	0.5000	4.0000	3.0000	1.0000	0.5000	0.3333
E邻里因素	0.3333	3.0000	3.0000	2.0000	1.0000	0.2500
F区位因素	0.5000	4.0000	4.0000	3.0000	4.0000	1.0000
SUM	2.7833	19.0000	15.5000	8.5833	9.1666	4.0833

表格来源:作者自绘

对每一列进行归一化处理,公式为:

$$W_{ij} = \frac{A_{ij}}{\sum A_{ij}}$$

其中,$\sum A_{ij}$ 的值为各列的和,得到的结果为一个新的矩阵,如表 7-9 所示。

表 7-9 准则层(x1 层)评价体系归一表

	A 家庭因素	B 品牌因素	C 租约因素	D 建筑因素	E 邻里因素	F 区位因素
A 家庭因素	0.3593	0.2632	0.2581	0.233	0.3273	0.4898
B 品牌因素	0.0719	0.0526	0.0323	0.0291	0.0364	0.0612
C 租约因素	0.0898	0.1053	0.0645	0.0389	0.0364	0.0612
D 建筑因素	0.1796	0.2105	0.1935	0.1165	0.0545	0.0817
E 邻里因素	0.1197	0.1579	0.1935	0.233	0.1091	0.0612
F 区位因素	0.1797	0.2105	0.2581	0.3495	0.4363	0.2449
SUM	1.0000	1.0000	1.0000	1.0000	1.0000	1.0000

表格来源:作者自绘

对表中每一行求和,即得出 A 家庭因素、B 品牌因素、C 租约因素、D 建筑因素、E 邻里因素、F 区位因素六个指标特征向量,如表 7-10 所示。

表 7-10 指标特征向量

	A 家庭因素	B 品牌因素	C 租约因素	D 建筑因素	E 邻里因素	F 区位因素	SUM	特征向量 W
A 家庭因素	0.3593	0.2632	0.2581	0.233	0.3273	0.4898	1.9307	0.3218
B 品牌因素	0.0719	0.0526	0.0323	0.0291	0.0364	0.0612	0.2835	0.0473

(续表)

	A 家庭因素	B 品牌因素	C 租约因素	D 建筑因素	E 邻里因素	F 区位因素	SUM	特征向量 W
C 租约因素	0.0898	0.1053	0.0645	0.0389	0.0364	0.0612	0.3961	0.0660
D 建筑因素	0.1796	0.2105	0.1935	0.1165	0.0545	0.0817	0.8363	0.1394
E 邻里因素	0.1197	0.1579	0.1935	0.233	0.1091	0.0612	0.8744	0.1457
F 区位因素	0.1797	0.2105	0.2581	0.3495	0.4363	0.2449	1.6790	0.2798
SUM	1.0000	1.0000	1.0000	1.0000	1.0000	1.0000	6.0000	1.0000

表格来源：作者自绘

特征向量 W 就是权重，但是这个权重需要对其检验，检验矩阵的一致性。

6. 矩阵一致性检验

一致性的概念：专家对指标进行两两比较时，如果得出一个结果：A>B，B>C，我们必须得出 A>C，反之则一致性不成立。更精细点，如果：A 比 B 重要值为 3，B 比 C 重要值也为 3，那么 A 与 B 比较，值应该为 6，但是如果最终不是 6，而是 5 或者 7 之类，也会在某种程度上影响一致性。所以需要检验对比矩阵的一致性，确保两两比较的时候，没有出现以上的错误。

第一步，计算矩阵的最大特征根 λ_{max}：

$$\lambda_{max} = \frac{\sum (AW)_i}{nW_i}$$

其中，AW 表示矩阵 A 与 W 相乘，两个矩阵相乘在 Excel 中用 mmult() 公式，这个公式的意思是两个矩阵相乘的结果是一个列向量，然后用列向量中的每一个元素除以阶数和相对应的权重的乘积。通过计算，$\lambda_{max} = 6.385$。

第二步，计算判断矩阵的一致性指标。

一致性指标公式：

$$CI = \frac{\lambda_{\max} - n}{n - 1}$$

其中，n 表示矩阵的阶数。通过计算，$CI=0.077$。

当 $CR=\dfrac{CI}{RI}<0.1$ 时，认为矩阵的一致性可以满意，其中 CR 为随机一致性比率，RI 为一致性指标。查阅与矩阵阶数有关的 RI 值，如表 7-5 所示，得出 $RI=1.24$，代入得出 $CR=0.062<0.1$。至此，就完全将 A 家庭因素、B 品牌因素、C 租约因素、D 建筑因素、E 邻里因素、F 区位因素六个指标的权重计算出来，而且其效度是可靠的。

7.2.3 子准则层对准则层的权重计算

由于子准则层因素众多，基于上述专家对子准则层两两指标进行赋值以外，我们先根据调查问卷确定子准则层的指标排序。

1. 根据调查问卷确定子准则层的指标排序

由于受访者选择的子准则层重要性指标无需排序，因此指标被提及的频次(得票数)越多意味着指标越重要。受访者对 36 个指标总共提及 510 次，共计 85 份调查问卷(部分问卷未填满 6 个指标)。每个指标的评价得票数均值是 14.17 票。统计显示，共有 10 项指标得票数超过平均数，指标序号以及相应的得票数如表 7-11 所示。

表 7-11 被提及频次最高的 10 项子准则指标表

指标序号	A4	A5	A6	C3	D5	E4	E5	F1	F4	F7
频次	23	38	62	30	16	32	18	43	27	34

表格来源：作者根据统计绘制

此统计结果与准则层的指标排序基本一致：A 准则层(家庭因

素)排第一位,在子准则层有 3 项入选,其中 A6(家庭年收入)被提及的频次最多,共 62 次,反映了影响住房租赁满意度最大的因素还是家庭年收入;A4(婚姻状况)、A5(家庭人口)被提及的频次也较多,表明在市民心目中 A 准则层(家庭因素)是构建住房租赁满意度影响因素评价体系中最重要的指标。F 准则层(区位因素)排在第二位,子准则层有 3 项入选,包括 F1(距市中心距离)、F4(周边教育配套)、F7(距地铁站、公交站距离),其中 F1(距市中心距离)提及频次为 43 次,排第二位,可见大多数租客在选择时非常期望距离市中心更近,F7(距地铁站、公交站距离)、F4(周边教育配套)被提及的频次都较多,说明上班的便利性、孩子的教育也是非常重要的影响因素。E 准则层(邻里因素)、C 准则层(租约因素)分列第三、第四位,其子准则层中分别有 2 项和 1 项入选,但得票数都不太高。D 准则层(建筑因素)排名最后,同样只有 1 项 D5(朝向)子准则层入选。

2. 构建比较判断矩阵及计算准则层因素权重

依照前述方法构造子准则层的两两比较判断矩阵,计算判断矩阵归一化的特征向量,并进行一致性检验。借此求得子准则层对准则层的单排序和总排序结果。其中仅对 A 准则层做两两比较判断矩阵表以示范,其他准则层不再一一列表。子准则层对准则层的单排序,如表 7-12 至表 7-18 所示。

表 7-12 判断矩阵 x1—A 表

	A1 年龄	A2 学历	A3 性别	A4 婚姻状况	A5 家庭人口	A6 家庭年收入	A7 心理归属感	A8 炫耀性	A9 上班距离
A1 年龄	1	2	4	5	4	5	1/3	1/4	3
A2 学历	1/2	1	3	3	4	3	1/3	1/4	2
A3 性别	1/4	1/3	1	4	4	4	1/2	1/3	3

(续表)

	A1 年龄	A2 学历	A3 性别	A4 婚姻状况	A5 家庭人口	A6 家庭年收入	A7 心理归属感	A8 炫耀性	A9 上班距离
A4 婚姻状况	1/5	1/3	1/4	1	2	4	1/2	1/4	2
A5 家庭人口	1/4	1/4	1/4	1/2	1	4	1/3	1/4	1/2
A6 家庭年收入	1/5	1/5	1/4	1/4	1/4	1	1/6	1/6	1/4
A7 心理归属感	3	3	2	2	3	6	1	1/2	1/4
A8 炫耀性	4	4	3	4	4	6	2	1	1/5
A9 上班距离	1/3	1/2	1/3	1/2	2	4	4	5	1

表 7-13 特征向量(权重)x1-A 表

	A1	A2	A3	A4	A5	A6	A7	A8	A9	权重 W
A1	1.0000	0.5000	0.2500	0.2000	0.2500	0.2000	3.0000	4.0000	0.3333	0.0570
A2	2.0000	1.0000	0.3333	0.3333	0.2500	0.2000	3.0000	4.0000	0.5000	0.0674
A3	4.0000	3.0000	1.0000	0.2500	0.2500	0.2500	2.0000	3.0000	0.3333	0.0831
A4	5.0000	3.0000	4.0000	1.0000	0.5000	0.2500	2.0000	4.0000	0.5000	0.1235
A5	4.0000	4.0000	4.0000	2.0000	1.0000	0.2500	3.0000	4.0000	2.0000	0.1577
A6	5.0000	5.0000	4.0000	4.0000	4.0000	1.0000	6.0000	6.0000	4.0000	0.3016
A7	0.3333	0.3333	0.5000	0.5000	0.3333	0.1667	1.0000	2.0000	4.0000	0.0621
A8	0.2500	0.2500	0.3333	0.2500	0.2500	0.1667	0.5000	1.0000	5.0000	0.0560
A9	3.0000	2.0000	3.0000	2.0000	0.5000	0.2500	0.2500	0.2000	1.0000	0.0916

表格来源:作者自绘

注:权重矩阵:顶层目标—A:$\lambda_{max}=8.8613$;$CR=0.066<0.1$

表 7-14 判断矩阵 x1-B 表

	B1 住房品牌影响力	B2 物业口碑	权重 W
B1 住房品牌影响力	1.0000	0.3333	0.2500
B2 物业口碑	3.0000	1.0000	0.7500

表格来源:作者自绘

表 7-15 判断矩阵 x1-C 表

	C1 出租方式（是否整租）	C2 租约期限	C3 房价	权重 W
C1 出租方式（是否整租）	1	0.5	0.2	0.1149
C2 租约期限	2	1	0.2	0.1822
C3 房价	5	5	1	0.7029

表格来源：作者自绘

注：权重矩阵：顶层目标—C：$\lambda_{max}=3.054$；$CR=0.0466<0.1$

表 7-16 判断矩阵 x1-D 表

	D1 楼层	D2 是否配置电梯	D3 户型（房间数）	D4 房龄	D5 朝向	D6 建筑面积	D7 装修情况（隔音、水电）	D8 家具配套设施	权重 W
D1 楼层	1.0000	2.0000	0.3333	2.0000	0.2500	0.5000	0.3333	0.2500	0.0645
D2 是否配置电梯	0.5000	1.0000	0.5000	0.3333	0.2500	0.5000	0.3333	0.3333	0.0461
D3 户型（房间数）	3.0000	2.0000	1.0000	2.0000	0.3333	2.0000	0.5000	0.5000	0.1128
D4 房龄	0.5000	3.0000	0.5000	1.0000	0.3333	0.3333	0.5000	0.3333	0.0681
D5 朝向	4.0000	4.0000	3.0000	3.0000	1.0000	3.0000	2.0000	2.0000	0.2611
D6 建筑面积	2.0000	2.0000	0.5000	3.0000	0.3333	1.0000	0.3333	0.3333	0.0909
D7 装修情况（隔音、水电）	3.0000	3.0000	2.0000	2.0000	0.5000	3.0000	1.0000	0.5000	0.1561
D8 家具配套设施	4.0000	3.0000	2.0000	3.0000	0.5000	3.0000	2.0000	1.0000	0.2004

表格来源：作者自绘

注：权重矩阵：顶层目标—D：$\lambda_{max}=8.541$；$CR=0.055<0.1$

表 7-17 判断矩阵 x1-E 表

	E1 公共空间（健身、交流）	E2 噪声状况	E3 邻里关系	E4 治安环境	E5 停车位	E6 小区整体环境	权重 W
E1 公共空间（健身、交流）	1.0000	0.2500	0.3333	0.2000	0.2500	0.2000	0.0429
E2 噪声状况	4.0000	1.0000	2.0000	0.3333	0.3333	0.3333	0.1209
E3 邻里关系	3.0000	0.5000	1.0000	0.5000	0.5000	0.5000	0.1074
E4 治安环境	5.0000	3.0000	2.0000	1.0000	2.0000	3.0000	0.3221
E5 停车位	4.0000	3.0000	2.0000	0.5000	1.0000	2.0000	0.2253
E6 小区整体环境	5.0000	3.0000	2.0000	0.3333	0.5000	1.0000	0.1814

表格来源：作者自绘
注：权重矩阵：顶层目标—E：$\lambda_{max}=6.383$；CR=0.062<0.1

表 7-18 判断矩阵 x1-F 表

	F1 距市中心距离	F2 距商场距离	F3 距公园距离	F4 周边教育配套	F5 距医院距离	F6 距快递站距离	F7 距地铁站、公交站距离	F8 周边景点（人文、自然）	权重 W
F1 距市中心距离	1.0000	3.0000	4.0000	2.0000	2.0000	3.0000	0.5000	4.0000	0.2008
F2 距商场距离	0.3333	1.0000	3.0000	0.5000	0.5000	3.0000	0.3333	3.0000	0.1032
F3 距公园距离	0.2500	0.3333	1.0000	0.3333	0.3333	0.5000	0.3333	0.5000	0.0384
F4 周边教育配套	0.5000	2.0000	3.0000	1.0000	0.5000	3.0000	2.0000	3.0000	0.1526
F5 距医院距离	0.5000	2.0000	3.0000	2.0000	1.0000	0.2500	0.5000	4.0000	0.1387

(续表)

	F1距市中心距离	F2距商场距离	F3距公园距离	F4周边教育配套	F5距医院距离	F6距快递站距离	F7距地铁站、公交站距离	F8周边景点(人文、自然)	权重W
F6距快递站距离	0.3333	0.3333	2.0000	0.3333	4.0000	1.0000	0.3333	0.5000	0.0936
F7距地铁站、公交站距离	2.0000	3.0000	3.0000	0.5000	2.0000	3.0000	1.0000	0.3333	0.1720
F8周边景点(人文、自然)	0.2500	0.3333	2.0000	0.3333	0.2500	2.0000	3.0000	1.0000	0.1007

表格来源：作者自绘

注：权重矩阵：顶层目标—F：$\lambda_{max}=8.73$；$CR=0.0739<0.1$

7.2.4 子准则层对目标层总排序

比较子准则层对目标层的权重，我们选取数据最大的前10位，分别是：A6、F1、A5、F7、E4、C3、F4、A4、F5、D5。而被调查者提及频次最多的10项子准则层指标分别是A6、F1、A5、F7、E4、C3、F4、A4、E5、D5。二者比较，除了权重排序中多了F5项，缺E5项外，其余9项指标是完全一致的，但顺序略有差别(图7-2)。

借助相关分析方法，我们可以再次检验通过层次分析法求出的指标权重的科学性。根据上述的权重，可以把36项指标的得分进行计权相加，得到每一份问卷的综合得分。对综合得分与每一项分数进行相关分析，可以看到在0.01的显著性水平下综合得分与36个指标正相关，最终得到住房租赁满意度影响因素评价体系权重，构建出一套针对住房租赁满意度影响因素的评价模型(表7-19)。

第七章 住房租赁满意度模型构建

图7-2 权重分布图
图片来源:作者自绘

表 7-19 住房租赁满意度影响因素评价体系权重

目标层(T)	准则层(x1)	权重(%)	子准则层(x2) 评价因素	权重(%)	权重(%)
住房租赁满意度影响因素评价体系权重	A 家庭因素	32.18	A1 年龄	5.70	1.84
			A2 学历	6.74	2.17
			A3 性别	8.31	2.67
			A4 婚姻状况	12.35	3.98
			A5 家庭人口	15.77	5.07
			A6 家庭年收入	30.16	9.71
			A7 心理归属感	6.21	2.00
			A8 炫耀性	5.60	1.80
			A9 上班距离	9.16	2.95
	B 品牌因素	4.73	B1 住房品牌影响力	25.00	1.18
			B2 物业口碑	75.00	3.55
	C 租约因素	6.60	C1 出租方式(是否整租)	11.49	0.76
			C2 租约期限	18.22	1.20
			C3 房价	70.29	4.64
	D 建筑因素	13.94	D1 楼层	6.45	0.90
			D2 是否配置电梯	4.61	0.64
			D3 户型(房间数)	11.28	1.57
			D4 房龄	6.81	0.95
			D5 朝向	26.11	3.64
			D6 建筑面积	9.09	1.27
			D7 装修情况(隔音、水电)	15.61	2.18
			D8 家具配套设施	20.04	2.79

(续表)

目标层(T)	准则层(x1)	权重(%)	子准则层(x2) 评价因素	权重(%)	权重(%)
住房租赁满意度影响因素评价体系权重	E 邻里因素	14.57	E1 公共空间(健身、交流)	4.29	0.63
			E2 噪声状况	12.09	1.76
			E3 邻里关系	10.74	1.56
			E4 治安环境	32.21	4.69
			E5 停车位	22.53	3.28
			E6 小区整体环境	18.14	2.64
	F 区位因素	27.98	F1 距市中心距离	20.08	5.62
			F2 距商场距离	6.32	2.89
			F3 距公园距离	3.84	1.07
			F4 周边教育配套	15.26	4.27
			F5 距医院距离	13.87	3.88
			F6 距快递站距离	9.36	2.62
			F7 距地铁站、公交站距离	17.20	4.81
			F8 周边景点(人文、自然)	10.07	2.82

表格来源：作者自绘

7.3 综合得分分析

住房租赁满意度影响因素评价体系分为家庭因素、品牌因素、租约因素、建筑因素、邻里因素、区位因素六个准则层。其中家庭因素准则层包括9个准则层因子，品牌因素准则层包括2个准则层因子，租约因素准则层包括3个准则层因子，邻里因素准则层包括6个

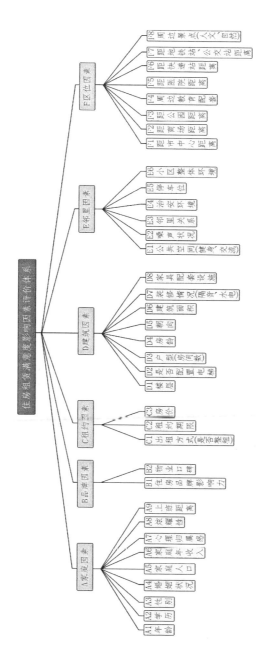

图 7-3 住房租赁满意度影响因素评价体系结构图

(图片来源:作者自绘)

准则层因子,建筑因素和区位因素准则层都包括 8 个准则层因子。笔者在理论阐述基础上,采用 AHP 进行住房租赁满意度影响因素评价体系建立的基本思路,把住房租赁满意度影响因素评价体系看作一个大系统,通过对系统多个因素的分析,划分出各因素间相互联系的有序层次;再请专家对每一层次的各因素进行较为客观的两两比较判断后,通过复杂的数学计算,得出各因子定量的权重数值,并加以排序,得出住房租赁满意度影响因素评价体系指标权重,建立评价模型(图 7-3)。

参考文献

[1] MacLennan D. The future for private rental housing: Surviving niches or flexible markets? [J]. Netherlands Journal of Housing and the Built Environment,1998,13(3):387-407.

[2] Deng Y H, Gabriel S A, Nothaft F E. Duration of residence in the rental housing market[J]. The Journal of Real Estate Finance and Economics, 2003,26(2):267-285.

[3] James R N. Residential satisfaction of elderly tenants in apartment housing[J]. Social Indicators Research,2008,89(3):421-437.

[4] Salleh A G. Neighbourhood factors in private low-cost housing in Malaysia[J]. Habitat International,2008,32(4):485-493.

[5] Mohit M A, Azim M. Assessment of residential satisfaction with public housing in Hulhumale', Maldives[J]. Procedia-Social and Behavioral Sciences,2012,50:756-770.

[6] 虞晓芬,黄忠华. 自有住宅者与租赁住宅者居住满意度影响因素的实证研究:以杭州市为例[J]. 财贸经济,2010(7):122-126.

[7] 李世龙. 新生代农民工住房满意度影响因素与对策研究[J]. 重庆大学学

报(社会科学版),2015,21(5):44-50.

[8] 曾德珩,何良东.长租公寓居住满意度影响因素及对策研究:以武汉市为例[J].工程管理学报,2020,34(4):57-62.

[9] 邵磊,谭远思,张婧.从租赁住房需求看保障性租赁住房的发展策略[J].世界建筑,2022(7):41-45.

[10] 李璇,王萱,郭宏毅.大城市新市民住房租赁选择及决策因素分析:基于深圳市的调查数据[J].中国物价,2022(5):117-120.

[11] 杨吉,曾昊仪,廖钟淇,等.租赁住房市场居民满意度及影响因素研究:以南京市城郊三区为例[J].房地产世界,2022(7):15-19.

[12] 农文钰.不均衡样本下住房租赁市场承租人满意度研究[D].广州:广州大学,2021.

第八章

总结与启示

8.1 研究总结

当前我国住房建设正处于大量建设与存量更新并举的新发展阶段,人民的居住条件普遍得到了显著改善,但是一线城市、二线城市仍然存在房源紧张、房价过高的严峻问题。房价的快速上升带来的泡沫效应、社会问题日益突显。针对此类问题,2016年底,中央经济工作会议对促进房地产市场平稳健康发展提出了新要求,要求综合运用金融、土地、财税、投资、立法等手段,加快研究建立符合国情、适应市场规律的基础性制度和长效机制。全国第六次人口普查数据显示,我国约有25.8%的城市居民以租赁方式解决住房问题,缺少土地、金融、税收、租赁住房管制等配套的制度与法规政策,保障性租赁住房应运而生。

保障性租赁住房制度改革以"满足新市民需求"为出发点,经历了培育和发展租赁市场、集体建设用地建设租赁住房、国家完善住房保障体系等多轮试点。2021年7月2日,国务院办公厅发布了《国务院办公厅关于加快发展保障性租赁住房的意见》,明确了保障性租赁住房的基础制度和支持政策,标志着保障性租赁住房正式纳入国家住房保障体系,也为未来我国保障性租赁住房市场发展提供了重要的依据。该文件要求各大城市科学开展保障性租赁住房工作,重点做好完善体系、制订计划、加强监管等工作。

为了充分了解我国在租赁住房发展与建设上的历程、现状问题、政策制度以及实施效果,本书选择了国内5个代表性的城市,包括北京市、上海市、深圳市、南京市、济南市,从宏观层面介绍其发展沿革、现状问题以及政策变迁等。基于以上探讨和分析,本书提出保障性租赁住房在规划层面主要表现出以下三个方面的特征:

(1) 注重人性化设计

保障性租赁住房针对的群体是中低收入群体,资金匮乏是最大的制约因素,但保障性租赁住房杜绝商业化,会根据不同群体,如孤寡老人、退休人员、带孩子的家庭、单身人员等进行适宜性设计,部分保障性租赁住房增设儿童活动场所,推进了小区内无障碍设施,增加了租客的归属感。

(2) 交通区位条件便捷

便捷的交通条件是保障性租赁住房布局的前提条件。保障性租赁住房布局以公共交通为导向,临近产业密集、写字楼密集的市中心。

(3) 均衡完善的公共服务设施

中低收入群体租房过程中的安全感与满意度与其居住范围内的公共服务水平关系密切,对租户权益的保护是国家租赁住房市场发展的一大特点。这些城市注重在全市域范围内公平布局公共服务设施,以促进社区稳定发展。保障性租赁住房周边通常也配建了相对完善的公共服务设施,为租客带来便利的社会交往场所。

8.2 发展策略

规划设计是保障性租赁住房空间分布以及多圈层架构合理和惠及大众的有效举措,因此科学发展保障性租赁住房一定程度上需要借助规划手段。基于这种认识,本书针对国内保障性租赁住房提出三点策略:

(1) 建立"一区一档",项目数据信息录入规划数据库

全方位摸清项目资源,对于每一个纳入保障性租赁住房建设计划的项目深入调研,对项目地块的用地性质、配套设施、建设进度,

责任主体等信息进行梳理,建立项目"一区一档",项目数据信息录入规划数据库。结合规划数据库,对项目进行动态管理,每周对规划信息进行更新,对于未达预期进度的项目进行督促。同时,从规划编制、项目审批、用地管理全链条服务保障性租赁住房项目,对建设租赁住房所需用地指标做到应保尽保。

(2) 编制分区图则,采取"刚性"+"弹性"设计方法

以区级行政单元为基础,编制全域分区图则,完善建设全过程、运营全流程的监管制度。结合分区图则加强规划计划管理,由市住房城乡建设部门与市发展改革、财政和自然资源规划等部门,对于已明确纳入"十四五"建设计划的项目,实行"刚性"管控方式,在图则中明确规模、范围四至、建设年限、责任主体等内容,原则上不再予以调整。对于不确定的项目,实行"弹性"管控方式,明确建设规模及年度实施计划,在图则中划定项目选址重点区域及项目建设类型指引。

(3) 实施保障策略,构建符合城市特色的政策保障体系

与政府主导的公租房、保障房等传统模式不同,保障性租赁住房是由政府引导市场自由发展的住房保障模式,为达到保障性租赁住房预期效果,需通过制定政策来实现有效引导和监管。公共服务政策方面,满足配建教育设施标准的保障性租赁住房,同步建设相关设施解决就近上学问题;无法满足配建教育设施标准的保障性租赁住房,由教育部门协调解决,实现租购同权。住房租赁市场管理方面,加强保障性租赁住房工程进度监管,确保按计划开工并完善相关建设手续;加强建设质量安全监管,将其作为监督检查的重点。实施监管方面,严格执行小户型、低租金的要求,严防出现变相的房地产开发,严禁保障性租赁住房变相进入市场销售,严禁以建设保障性租赁住房的名义进行违规经营,严禁借助保障性租赁住房建设骗取政府优惠等行为。